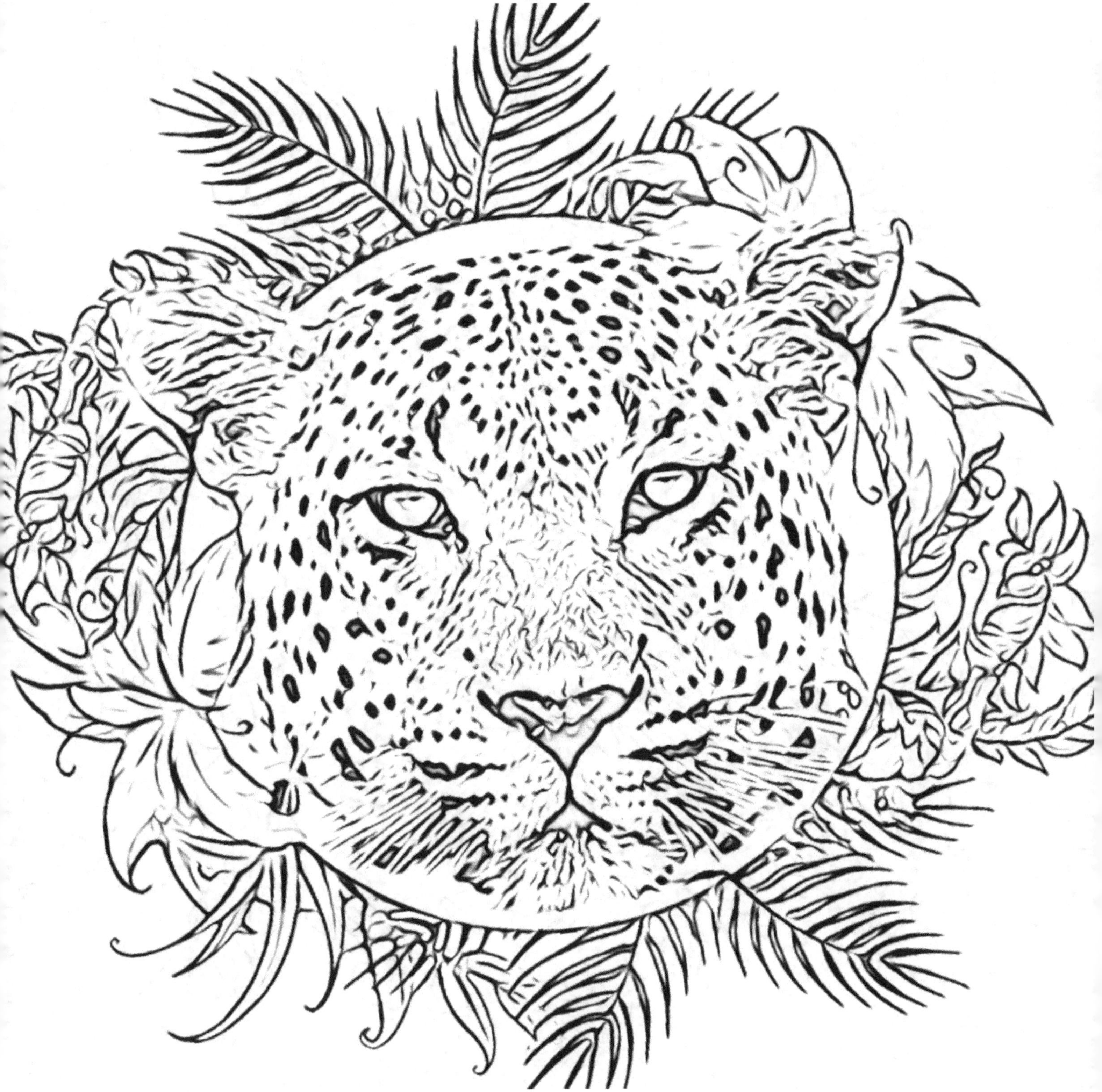

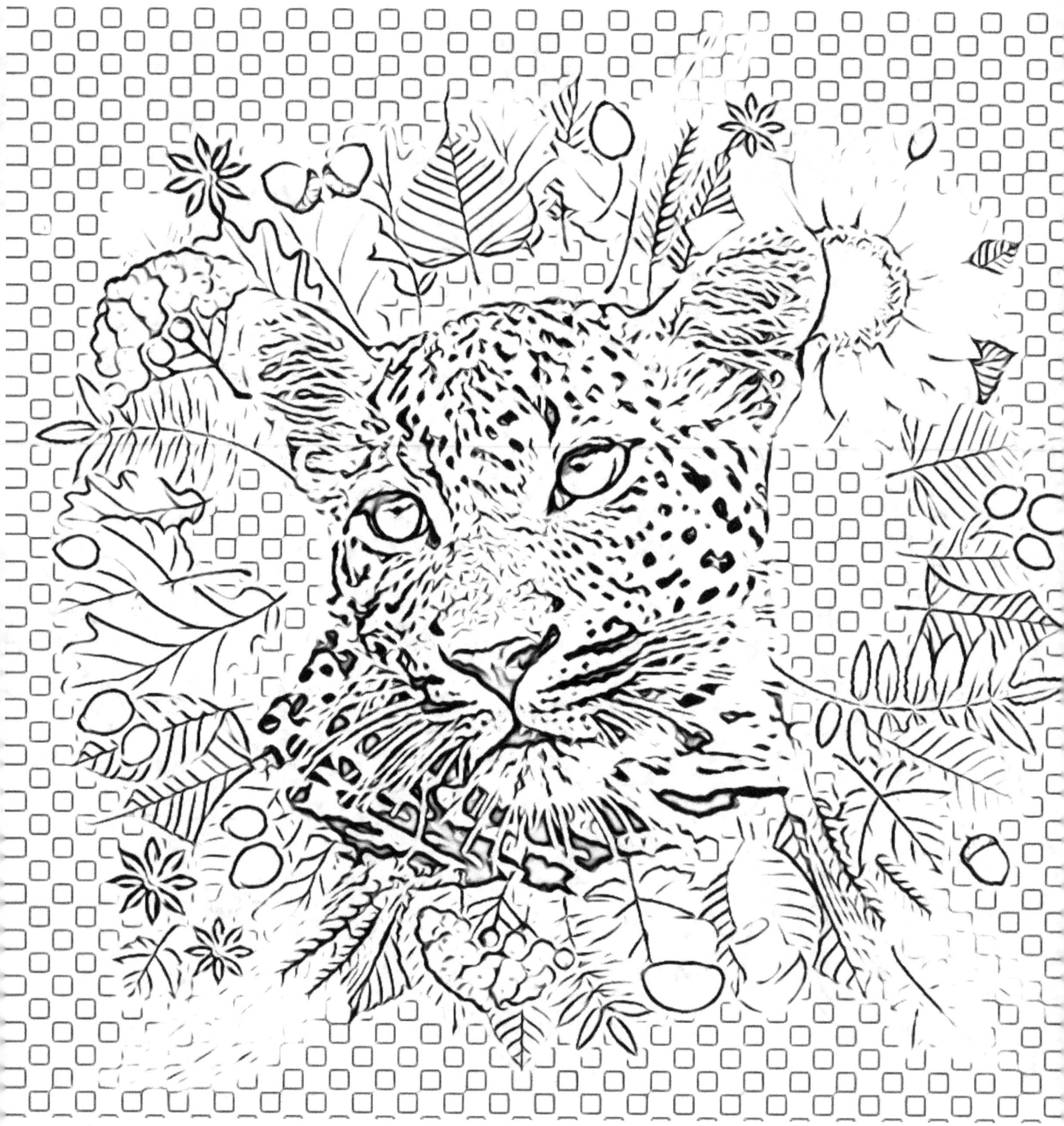

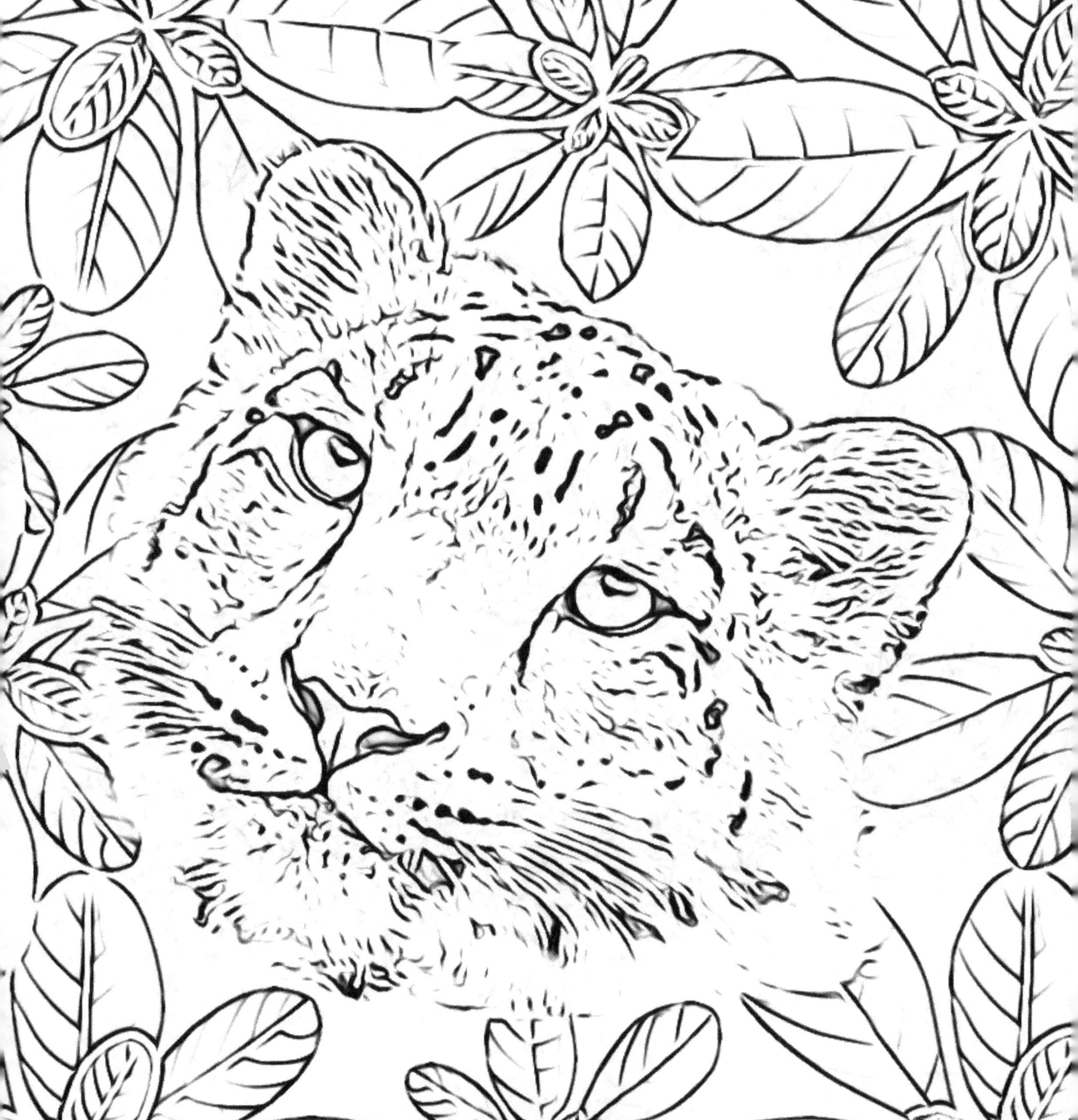

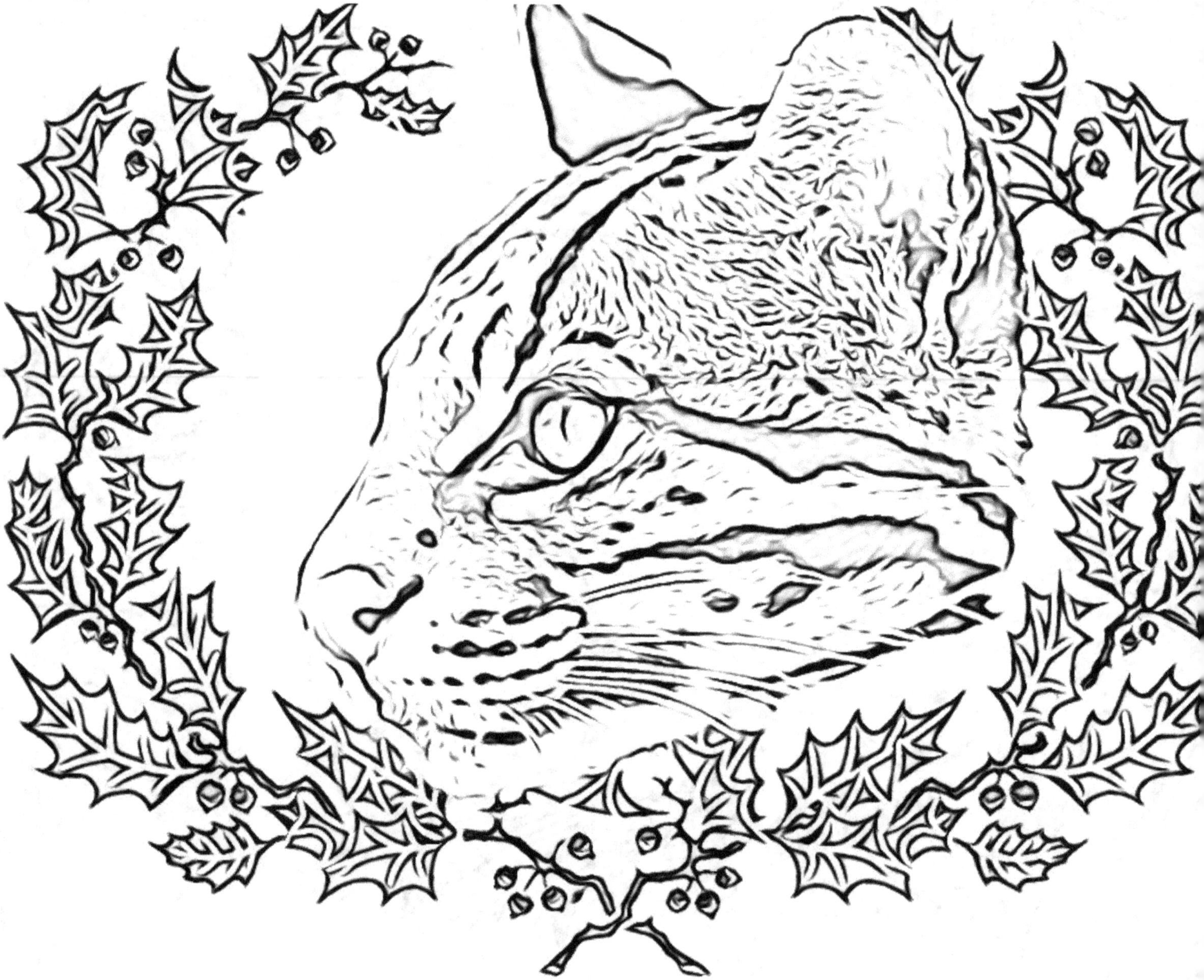

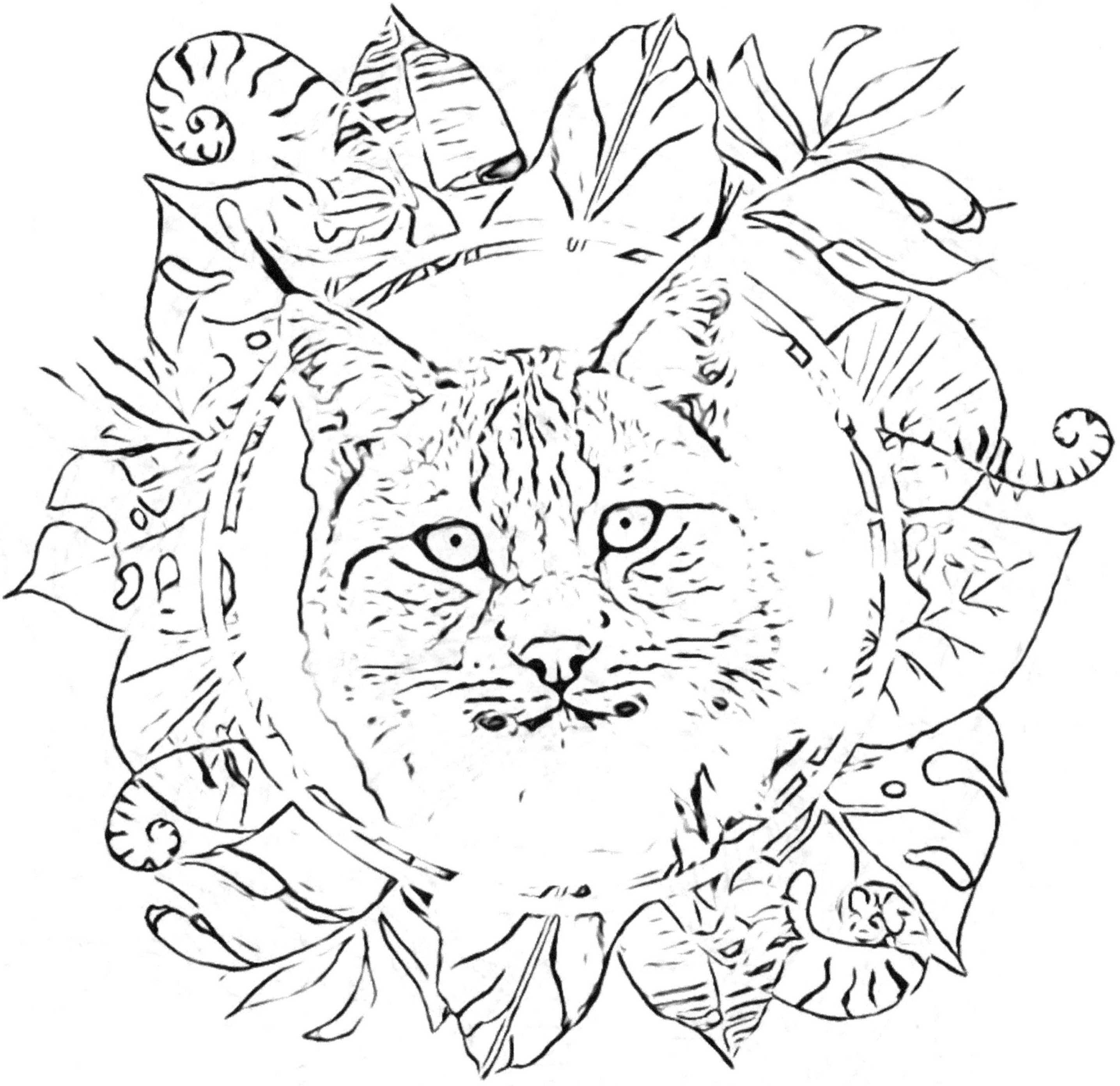

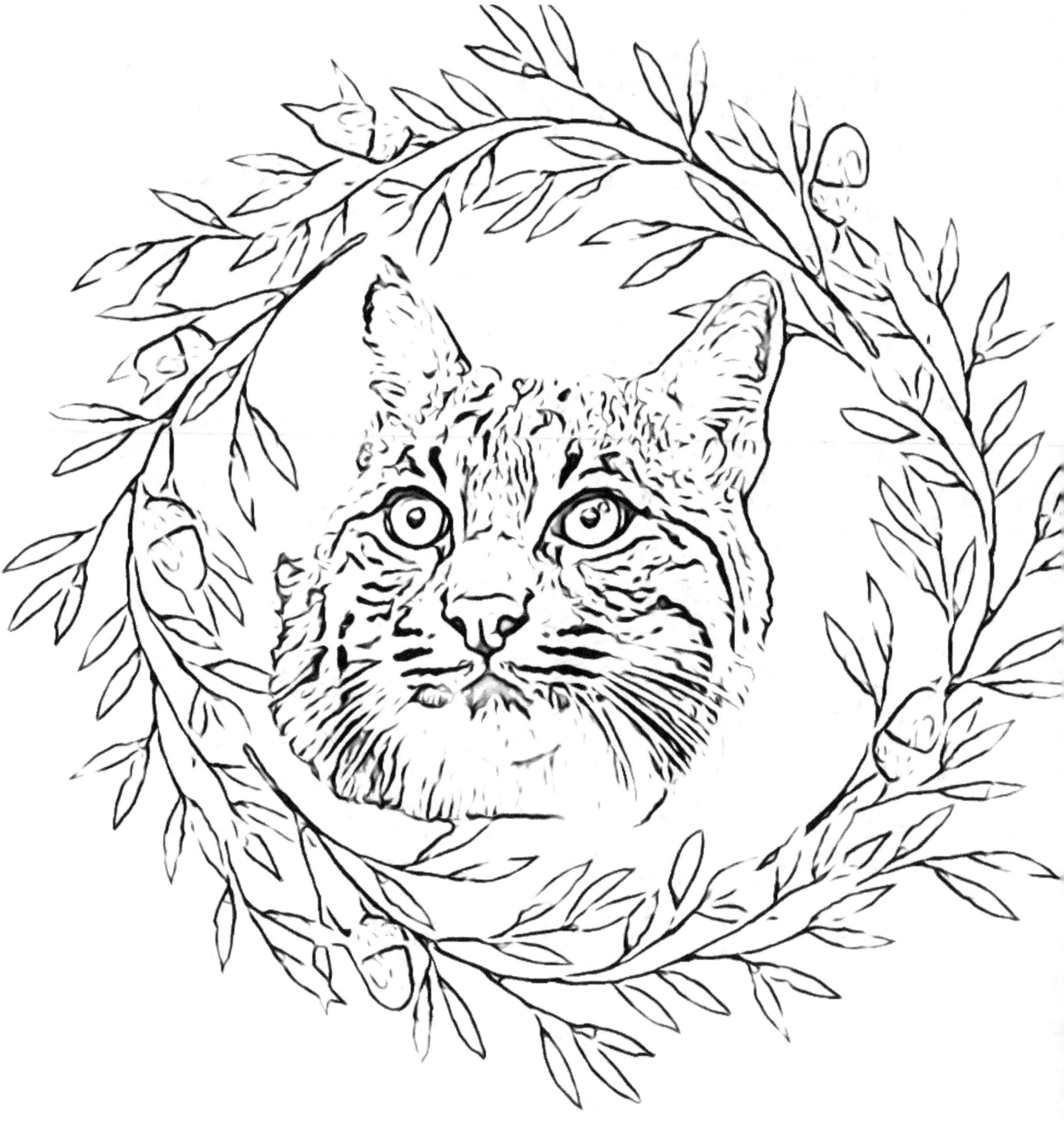

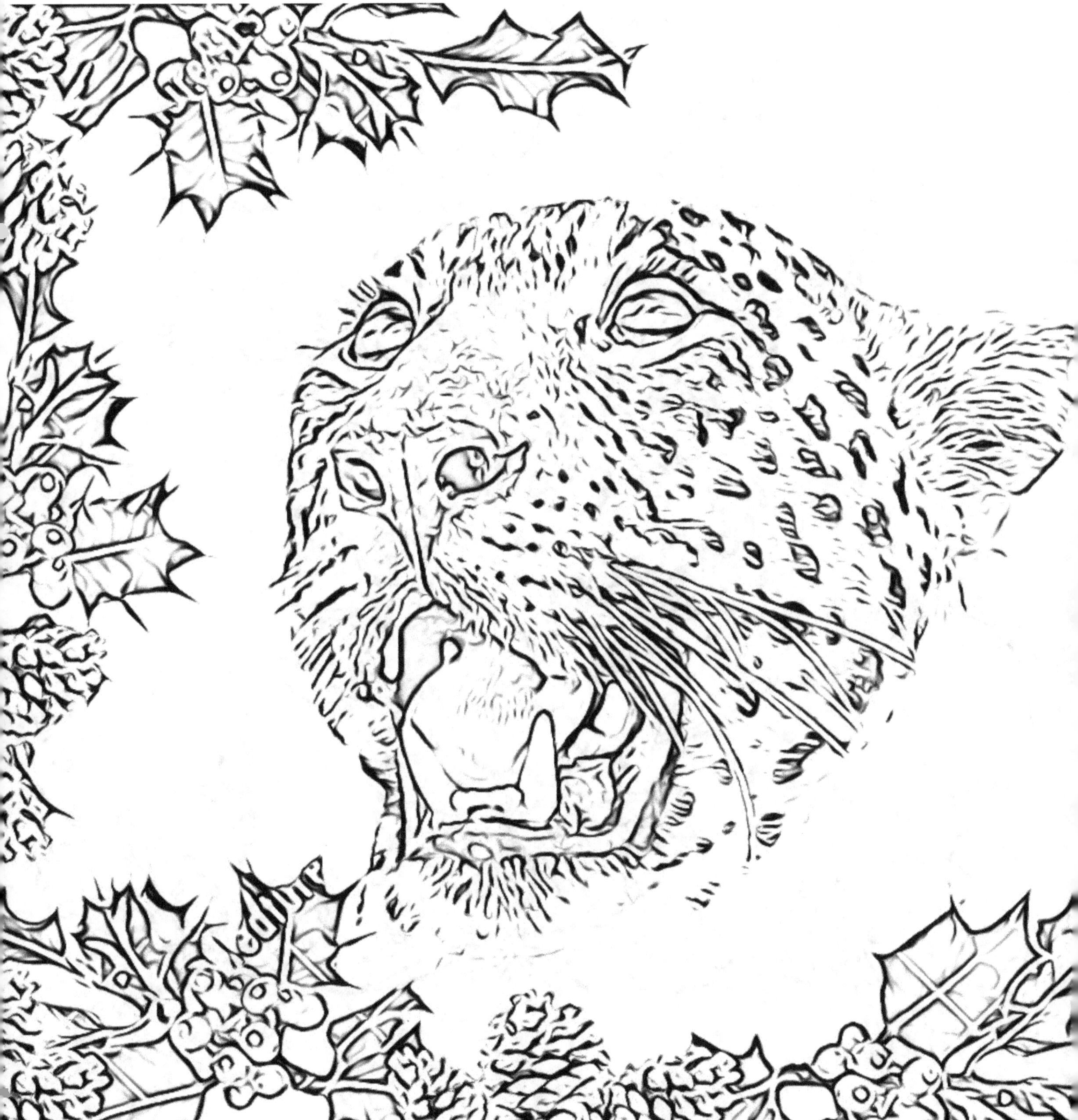

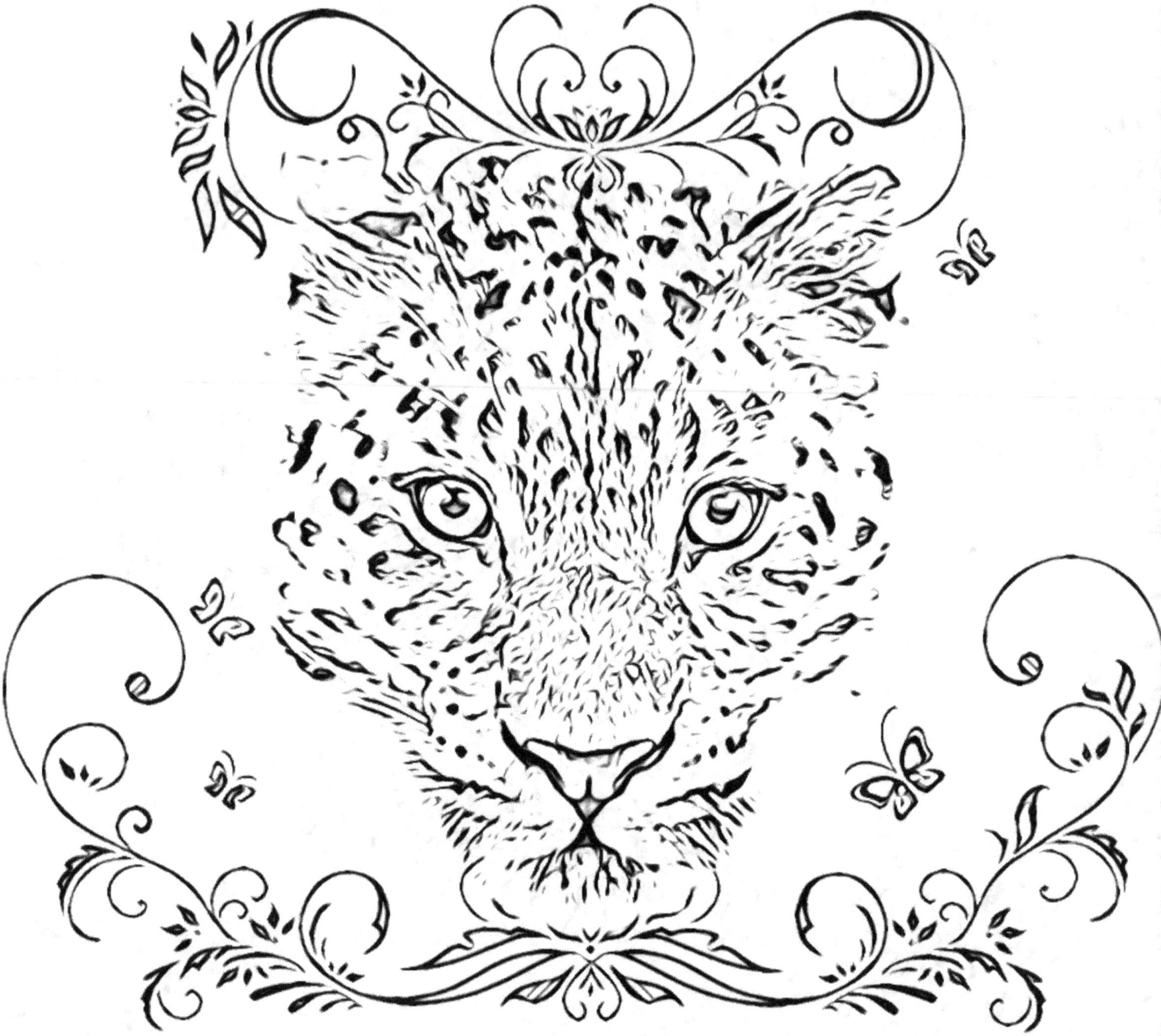

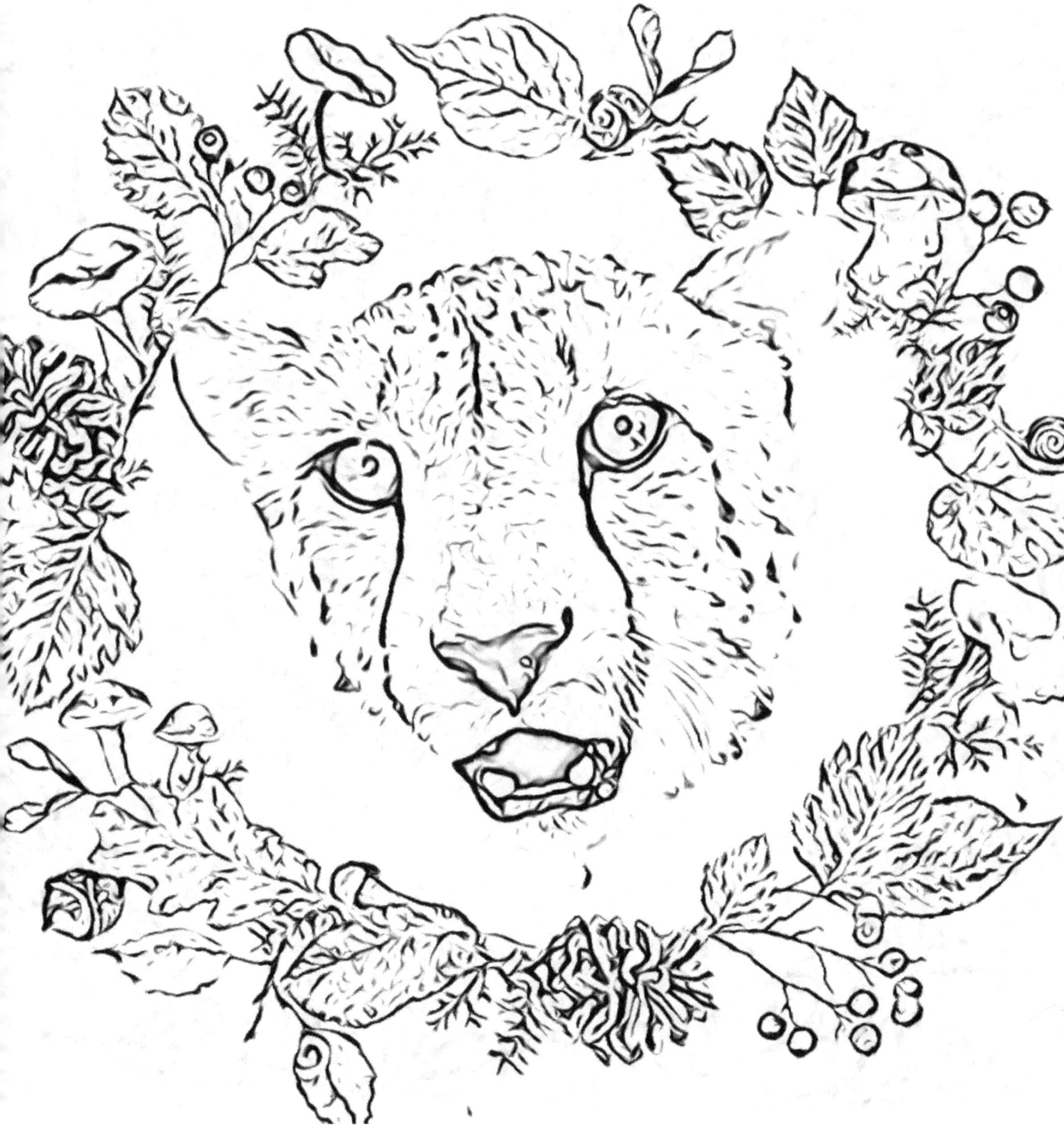

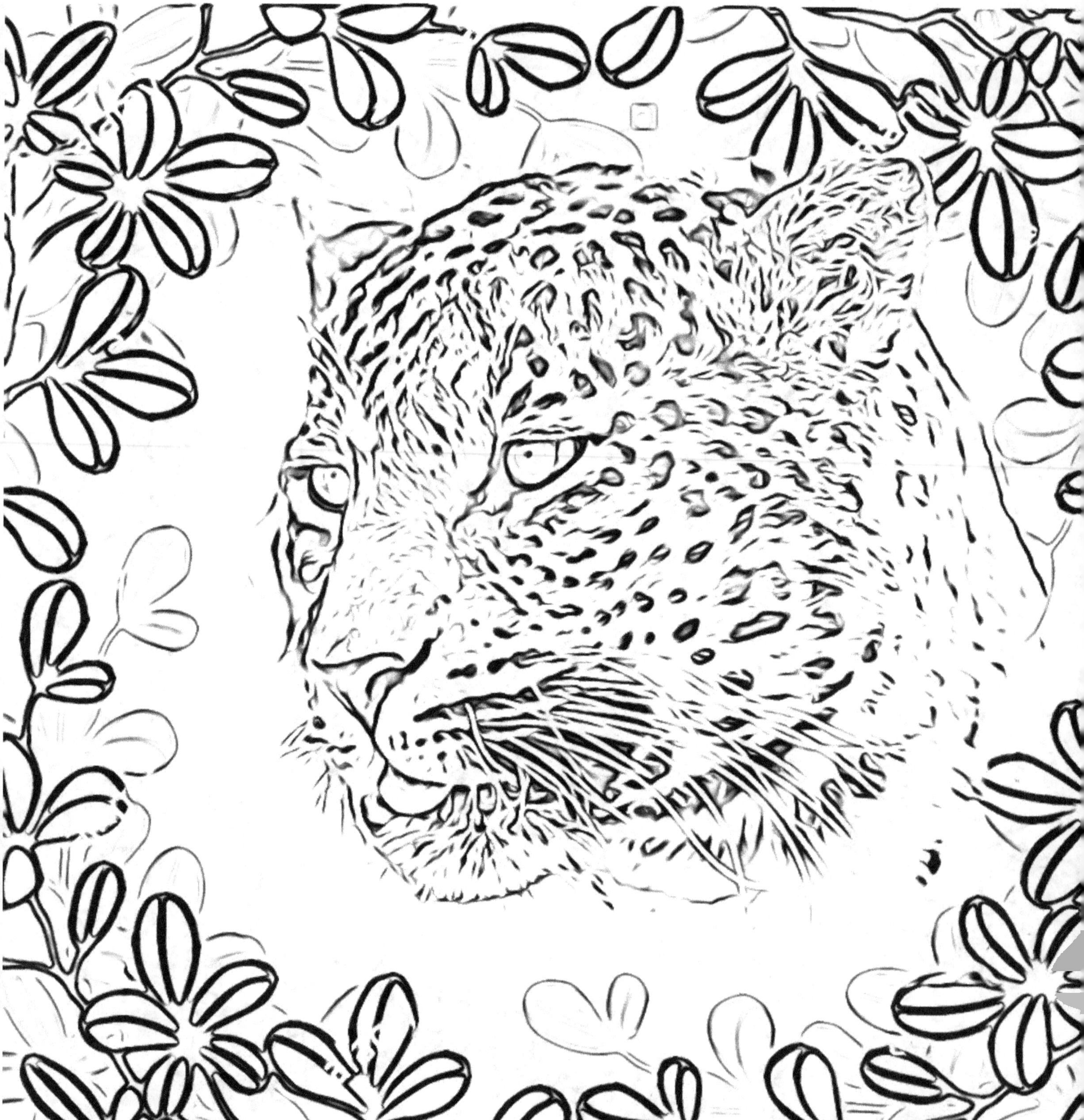

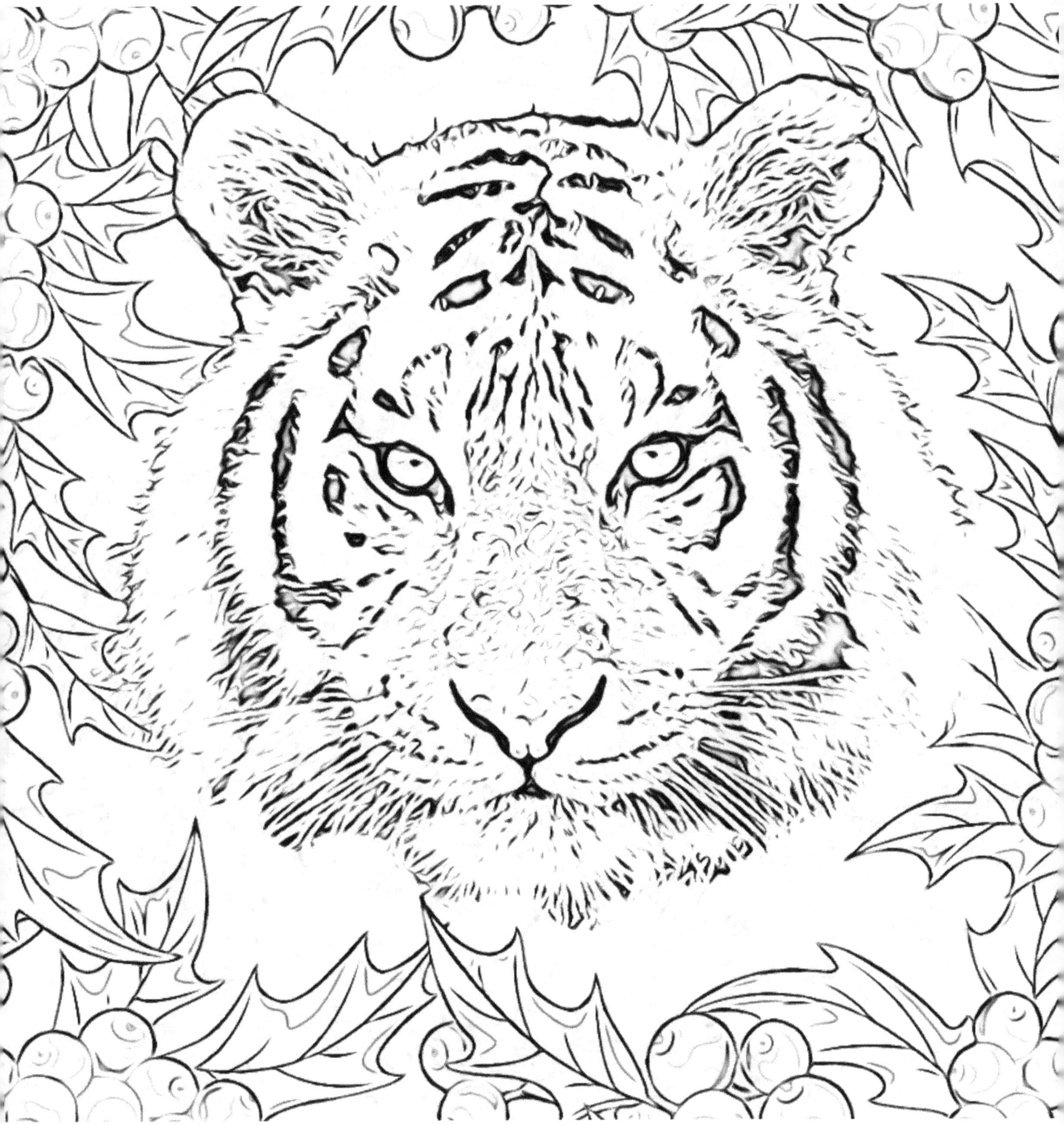

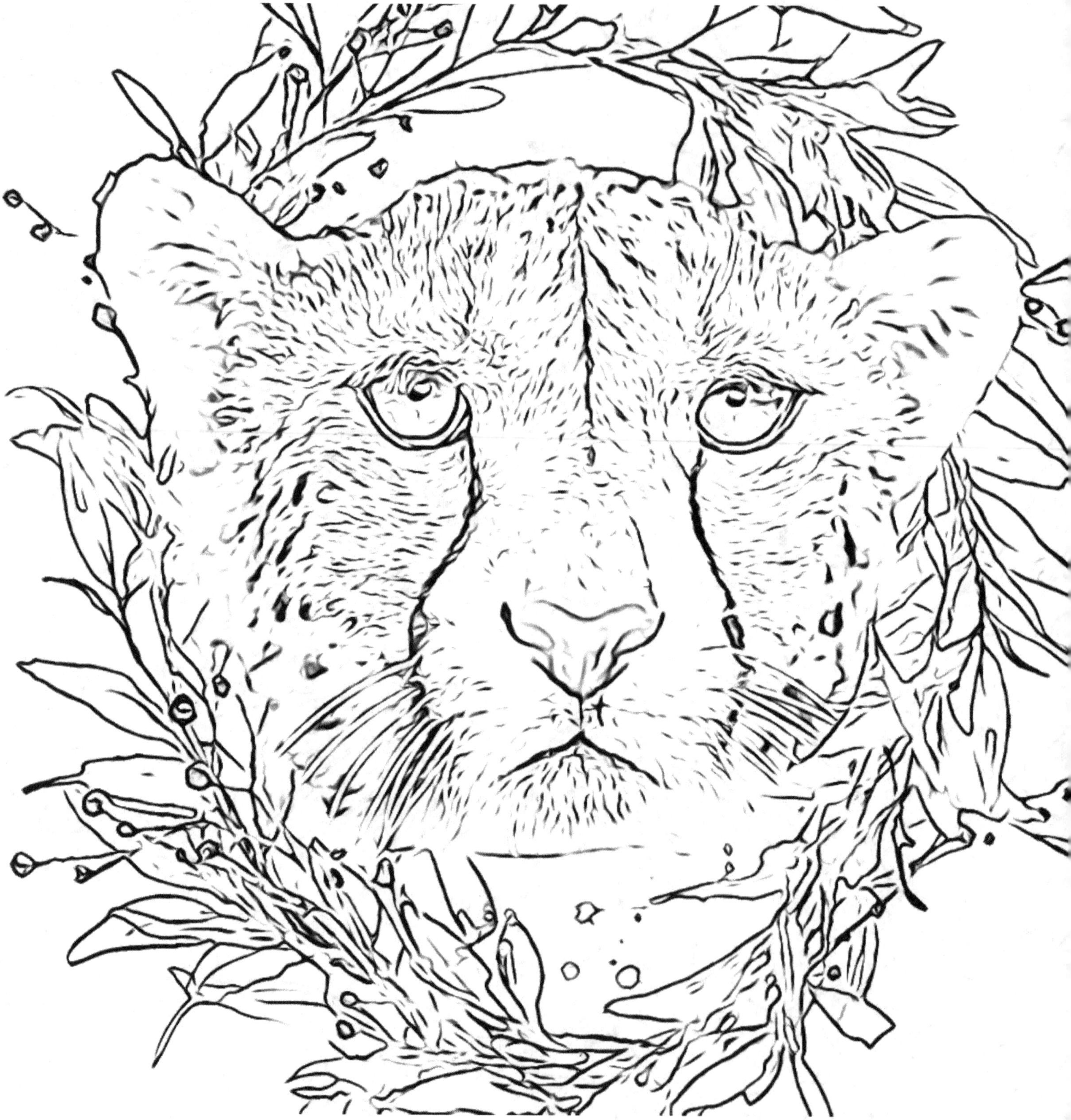

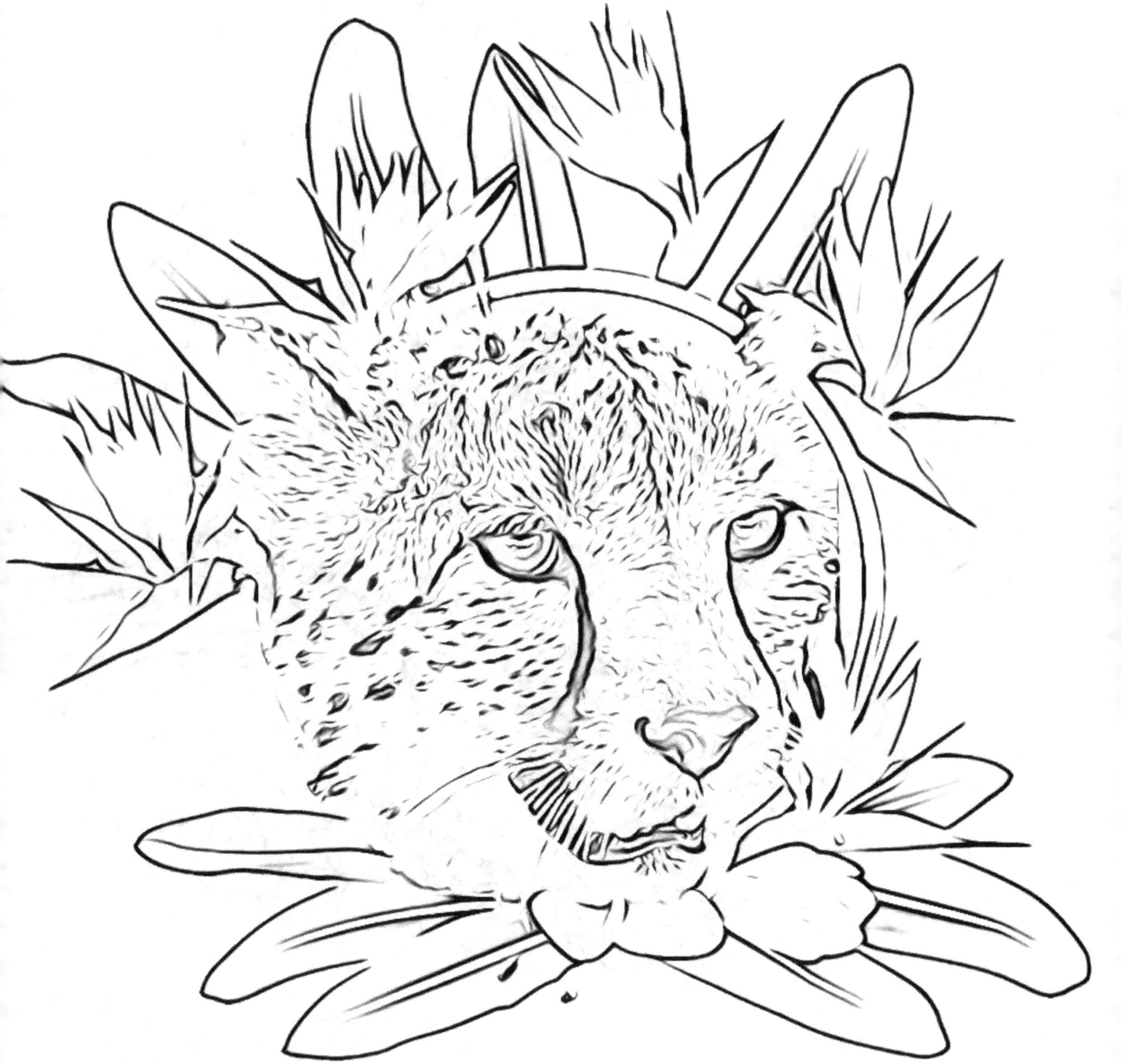

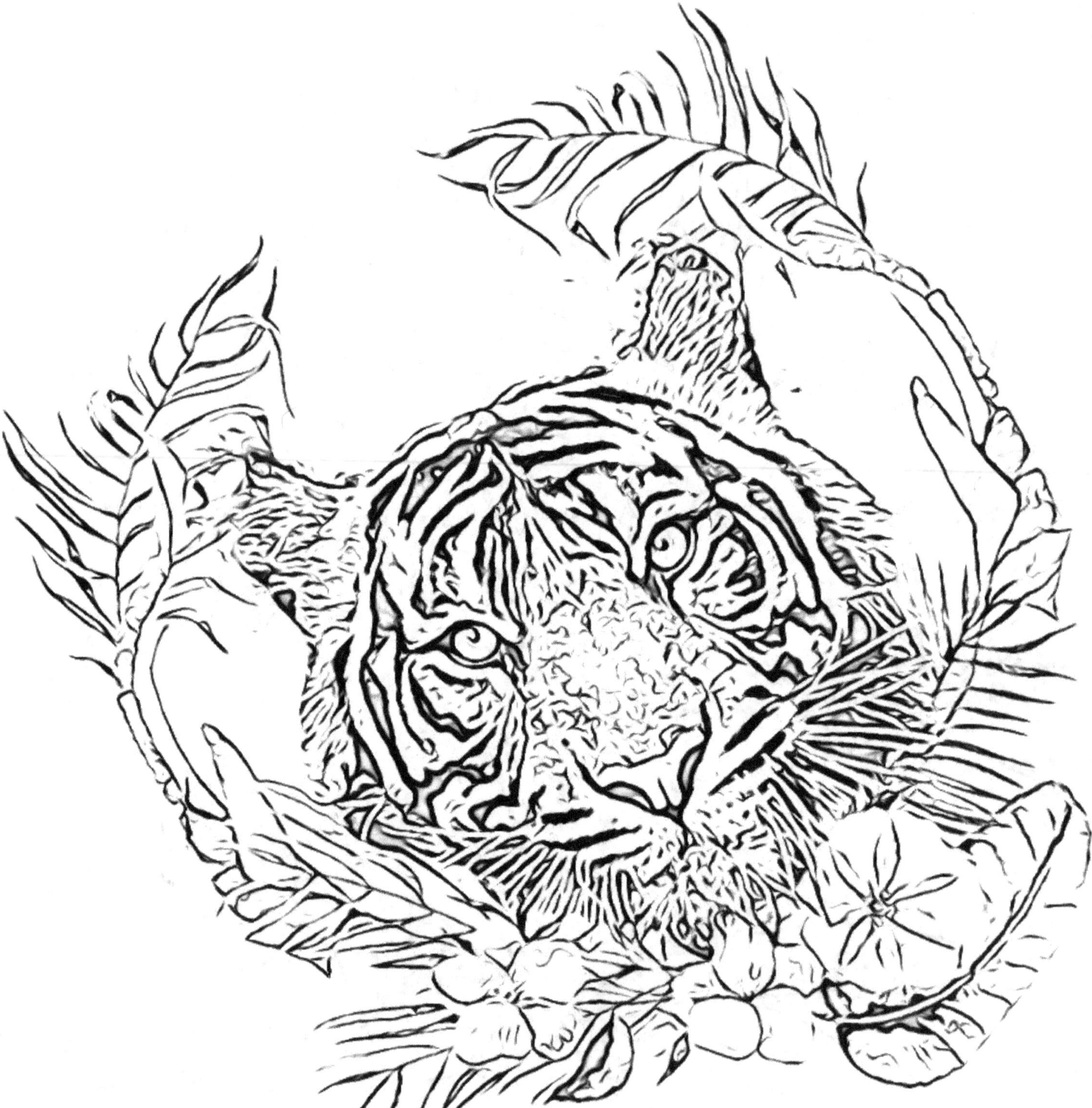

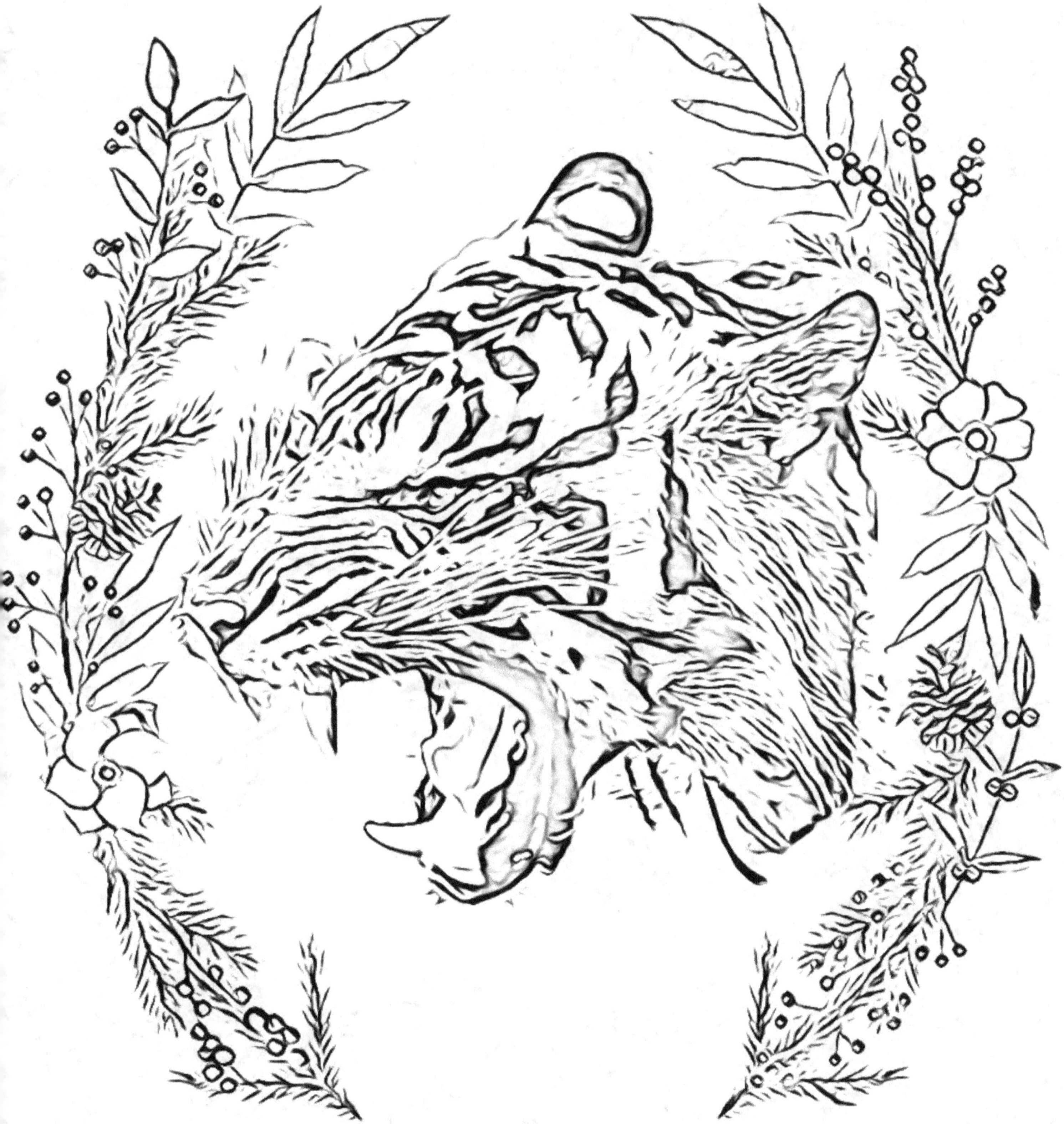

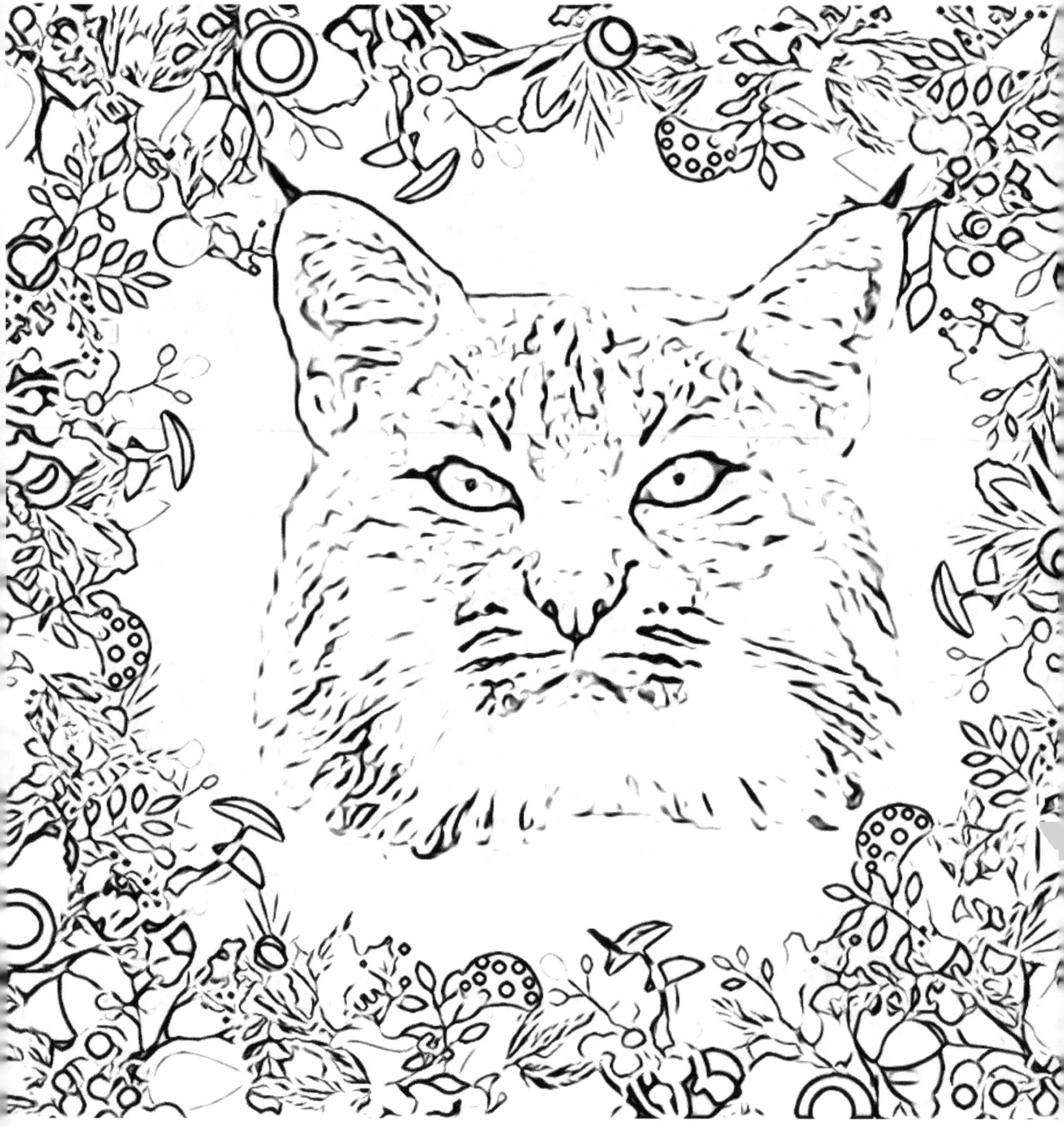

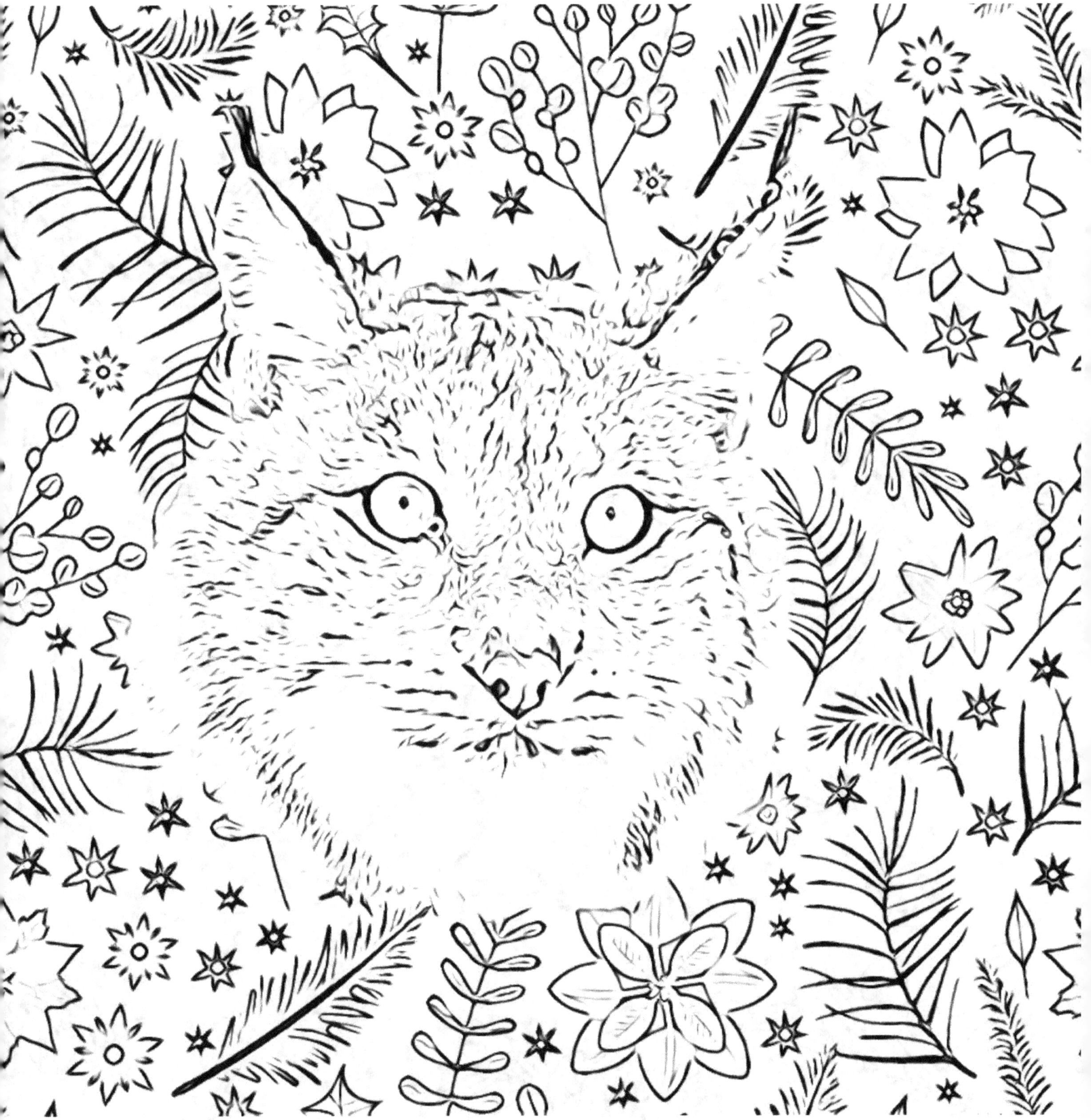

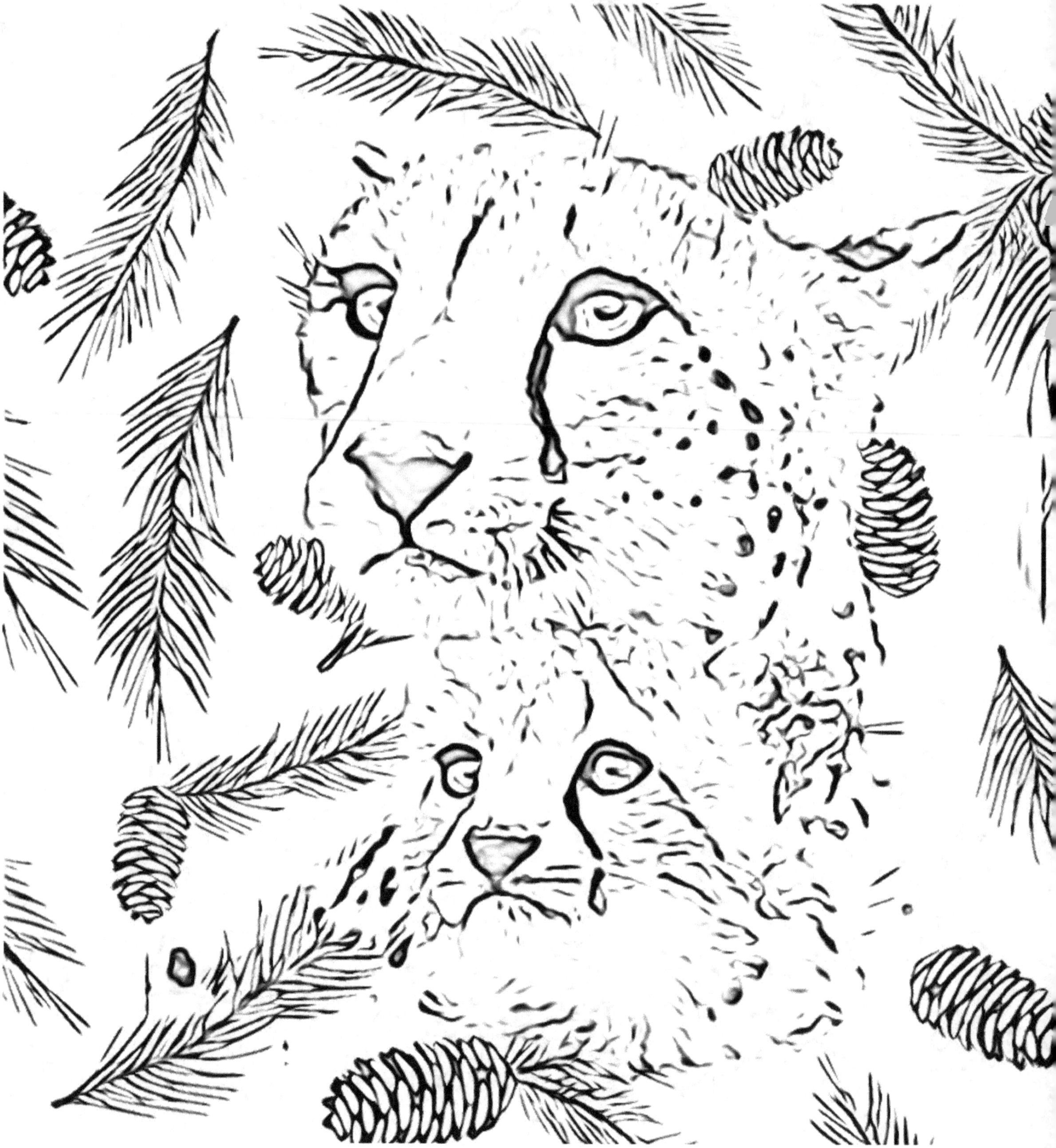

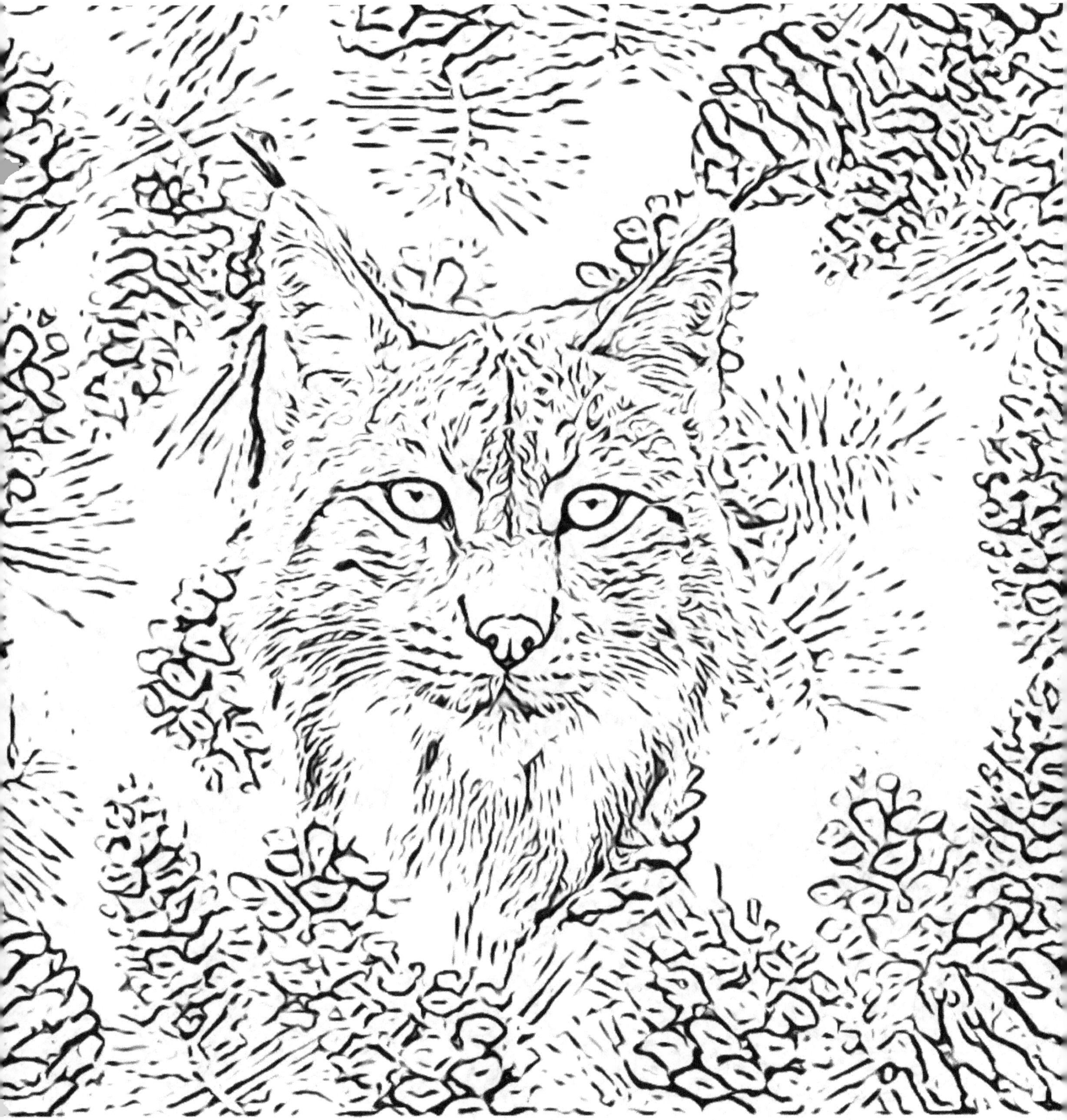

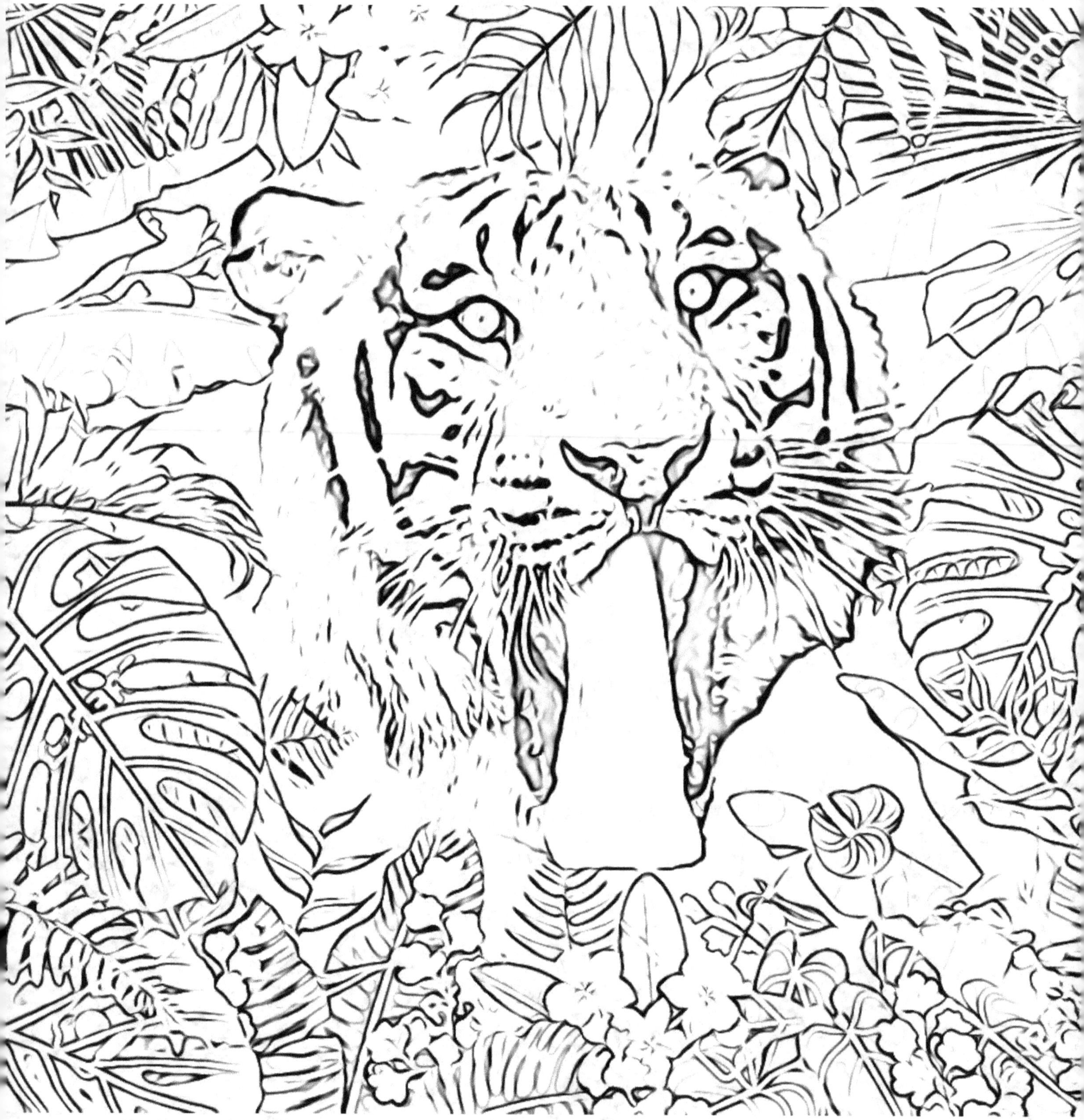

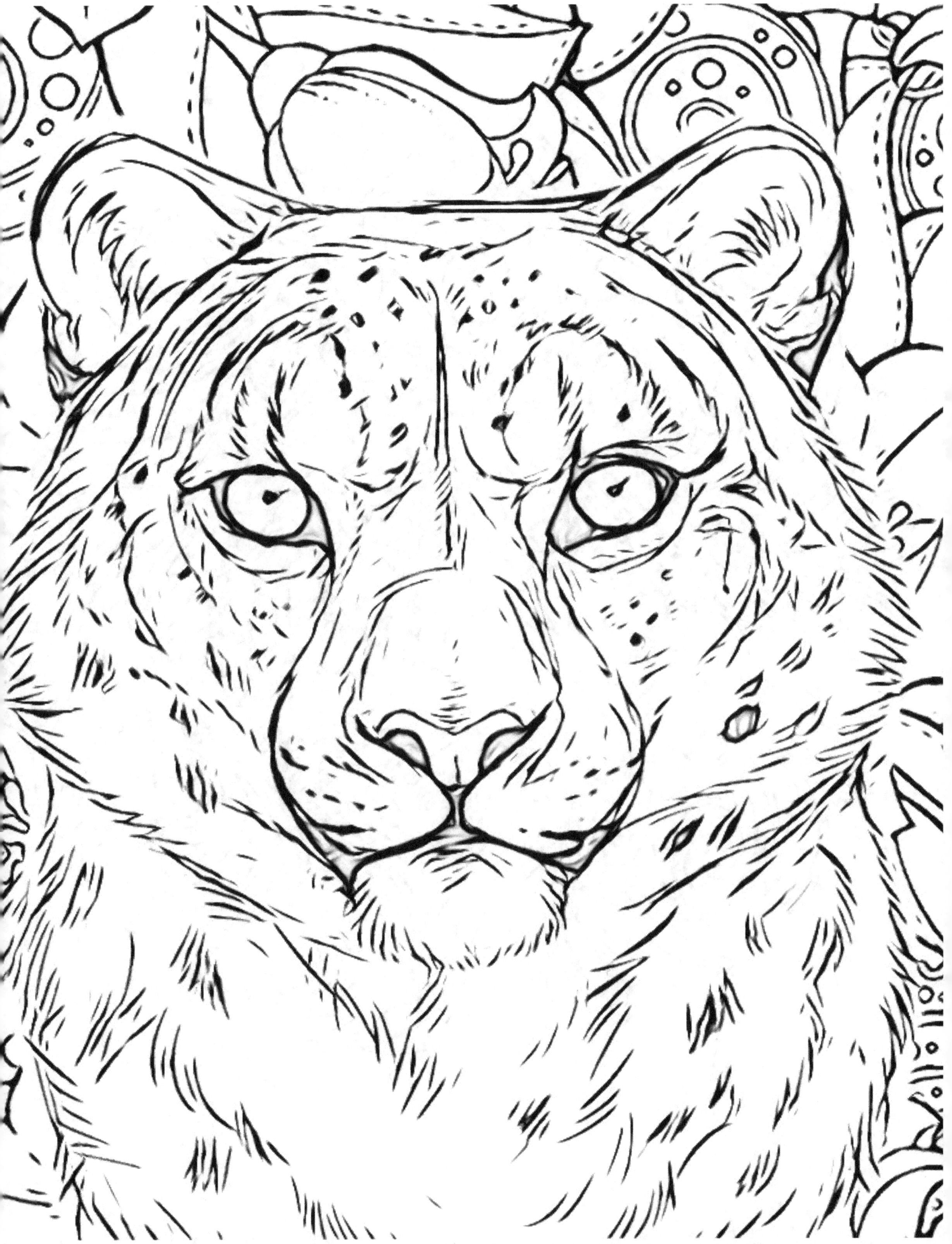

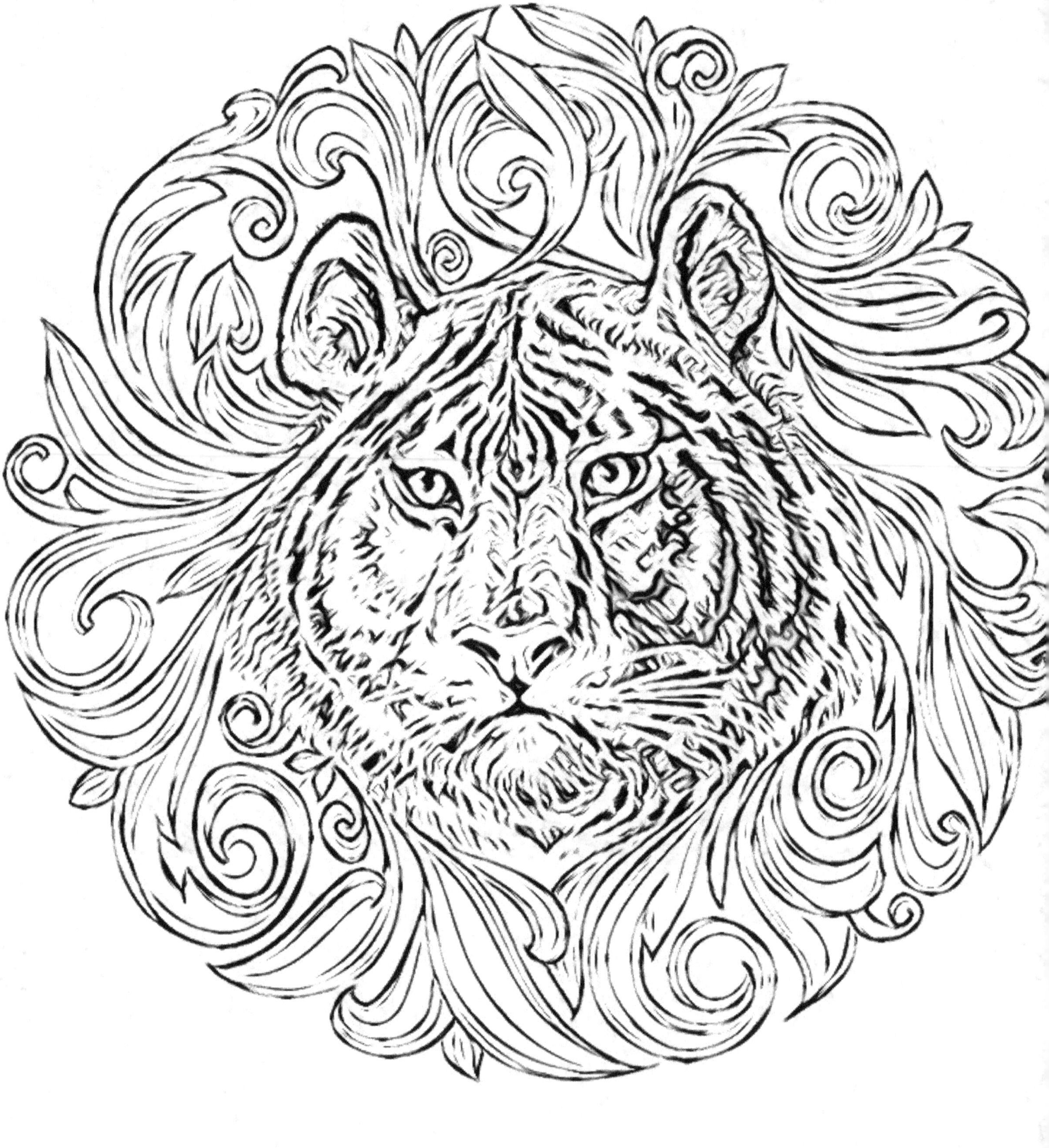

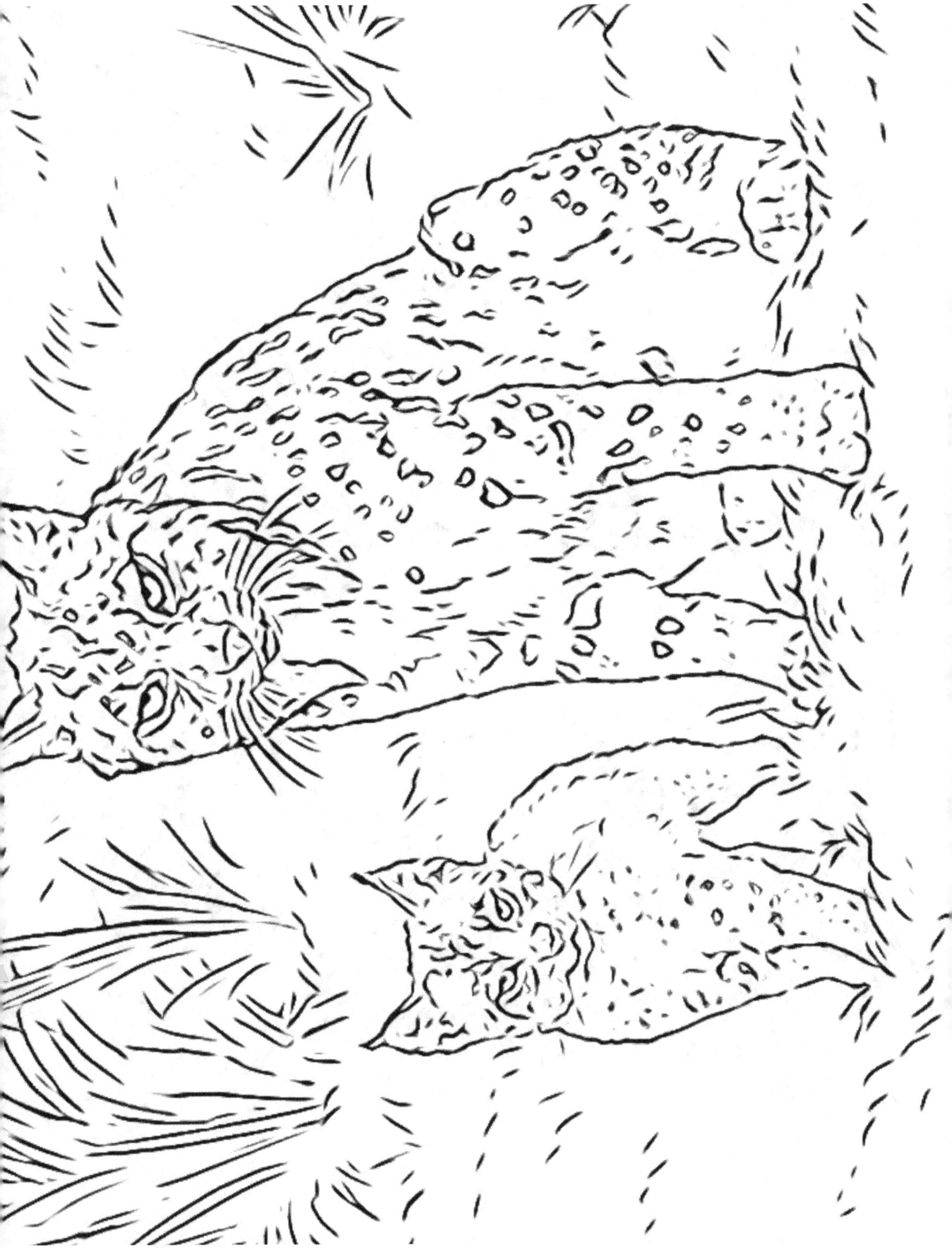

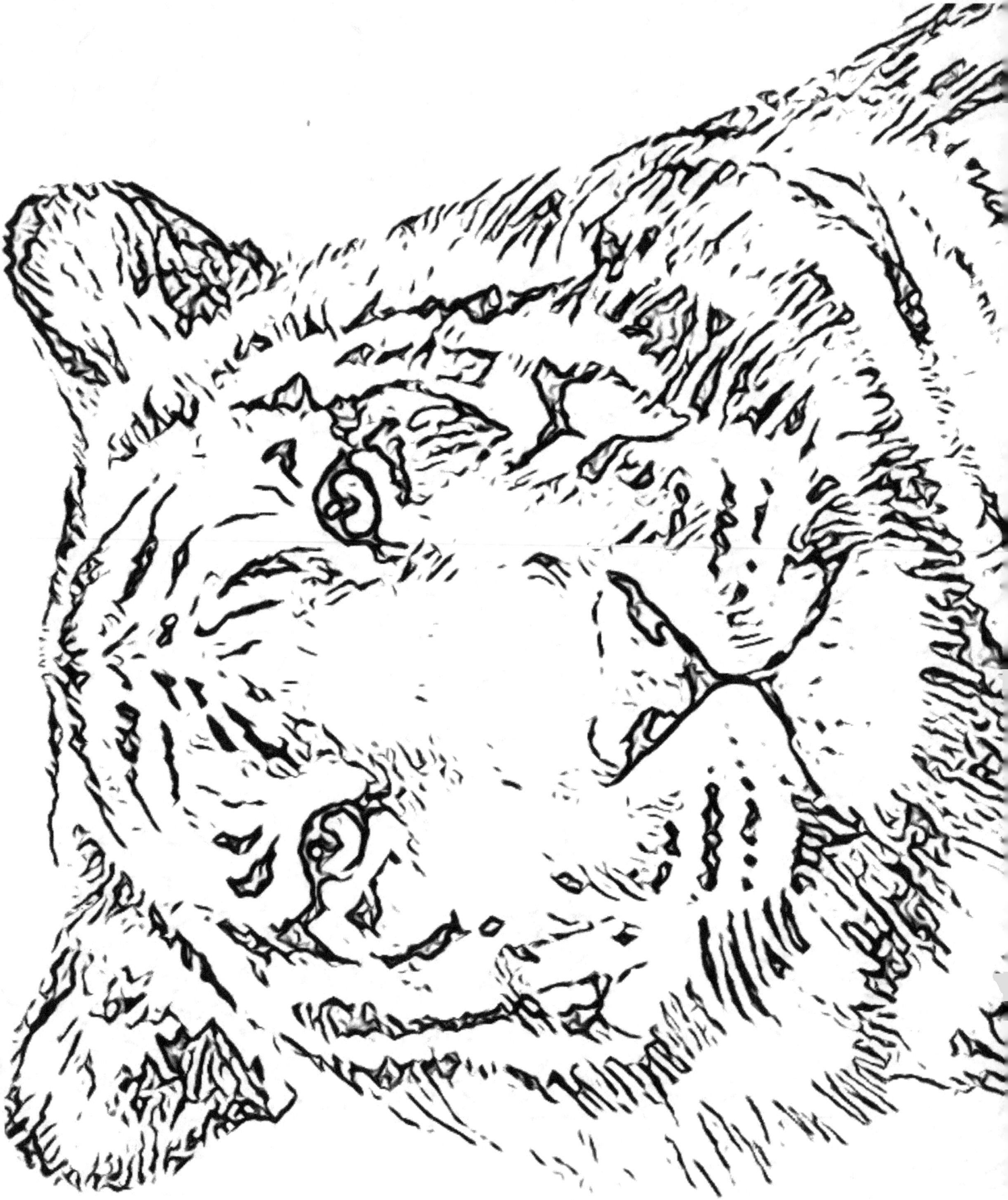

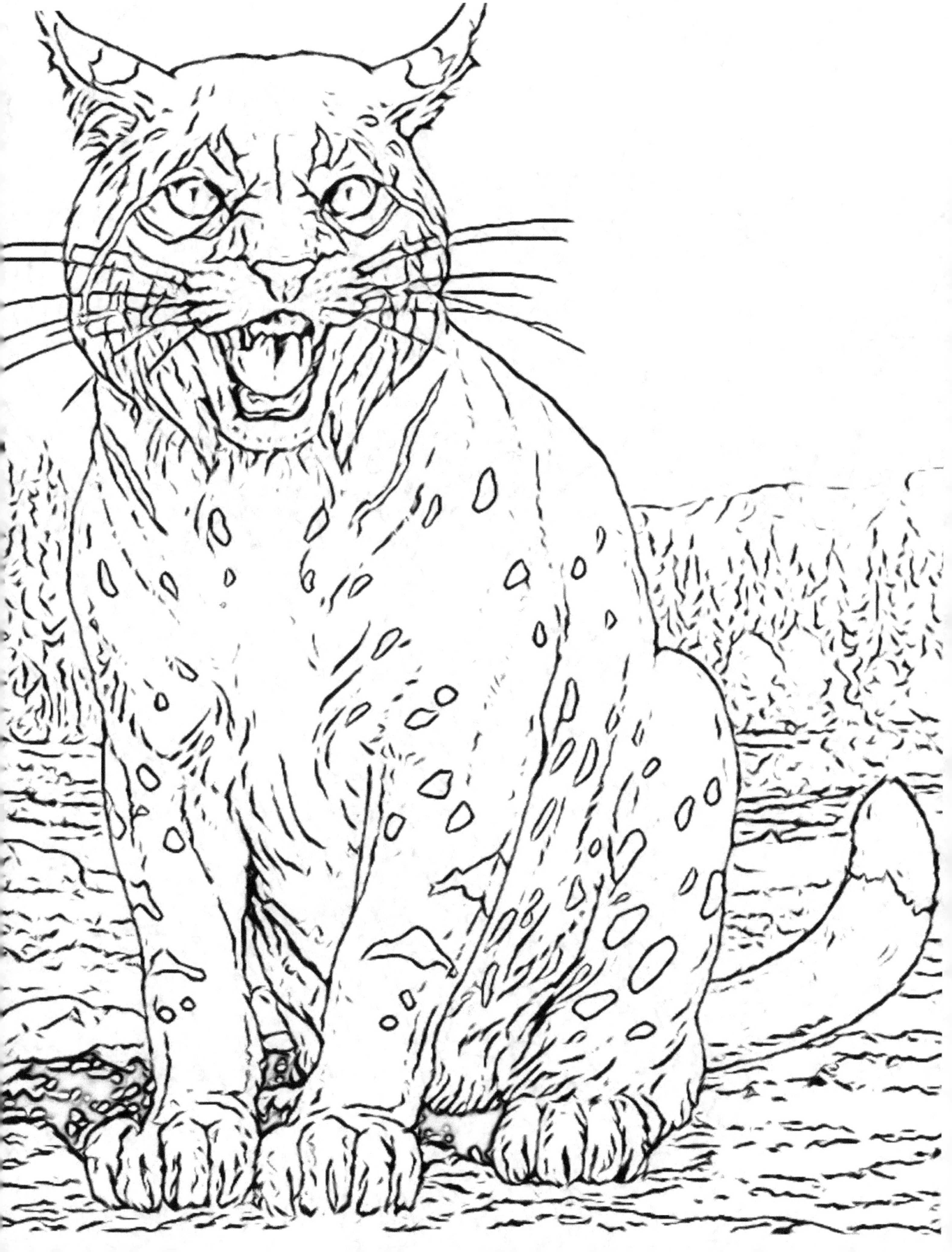

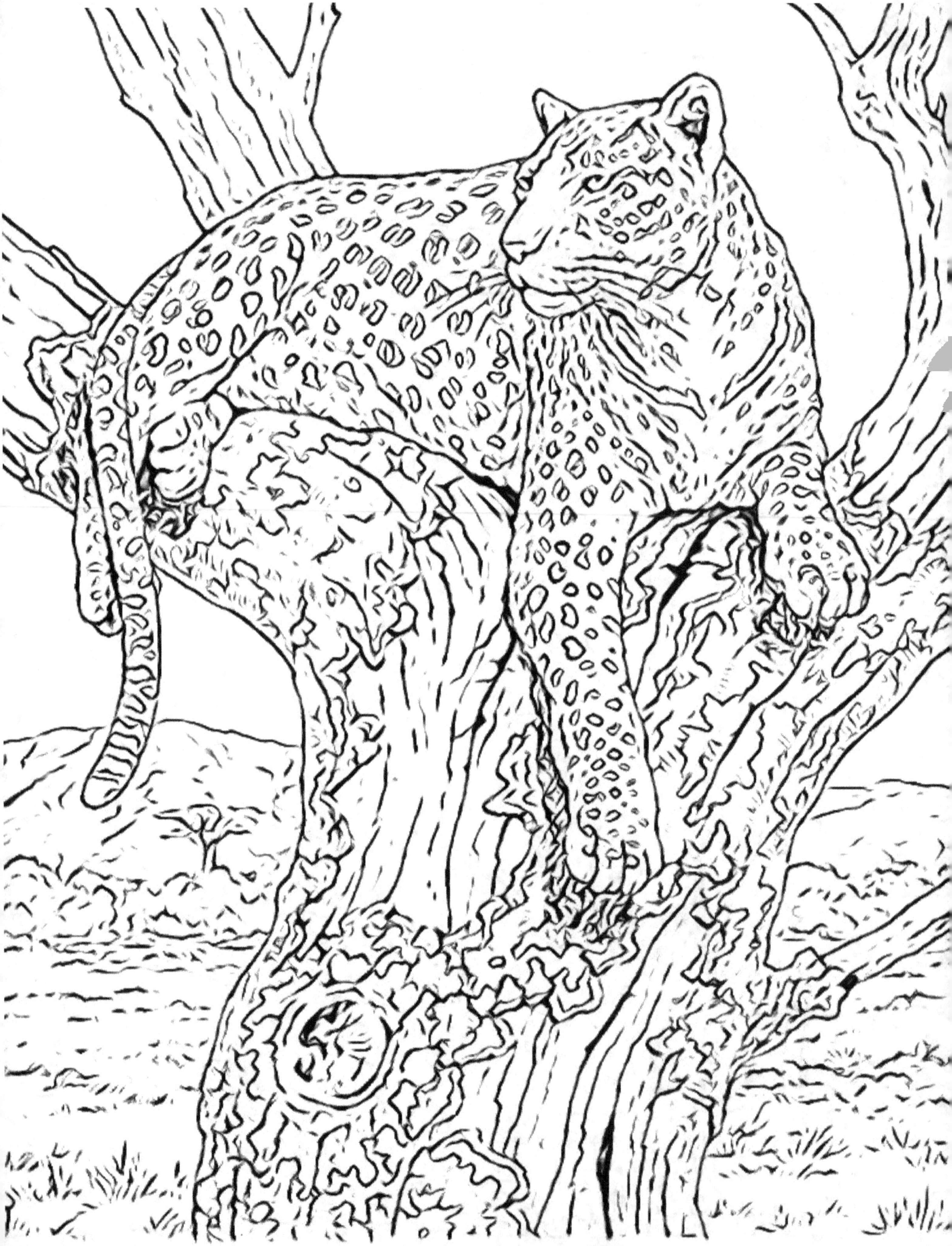

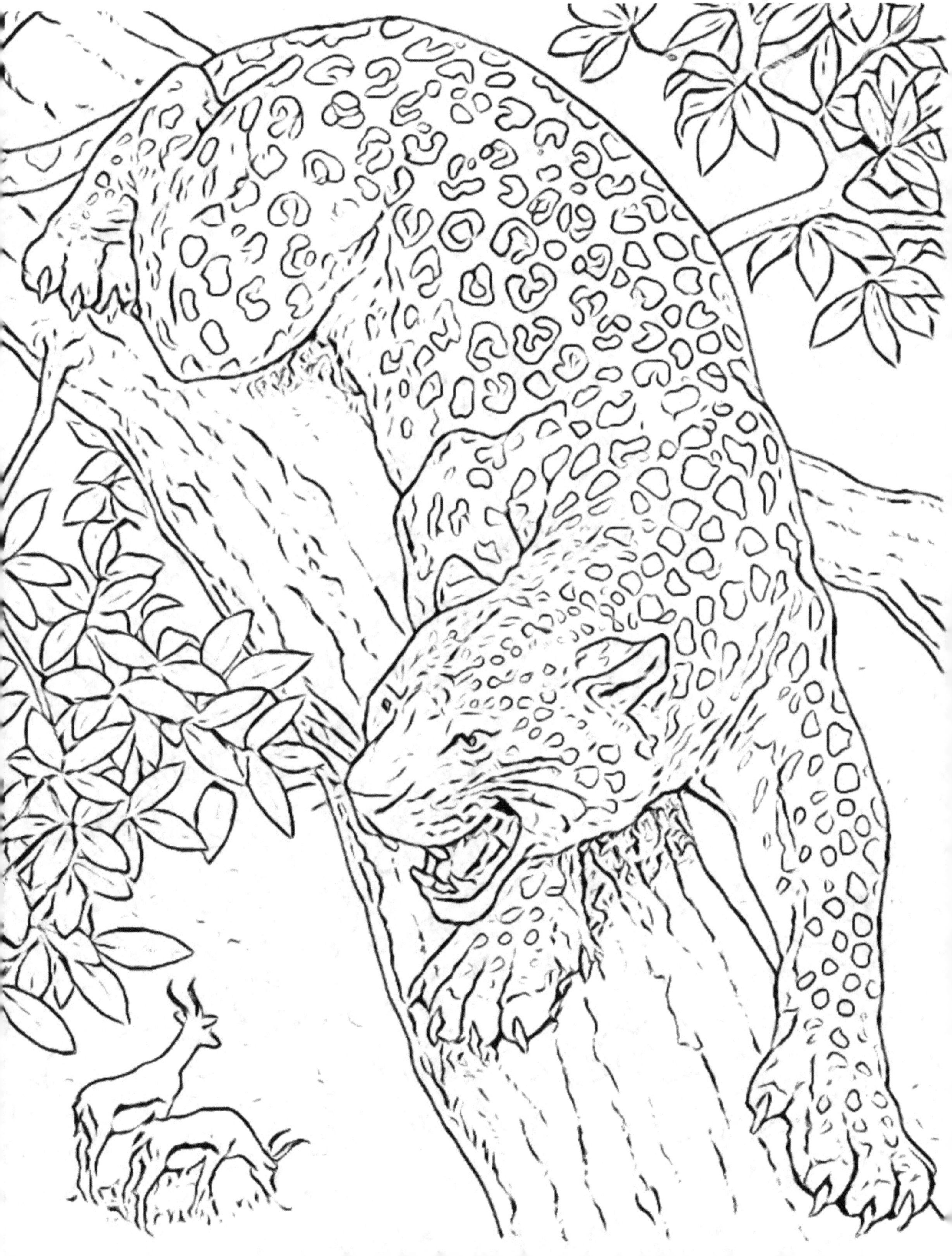

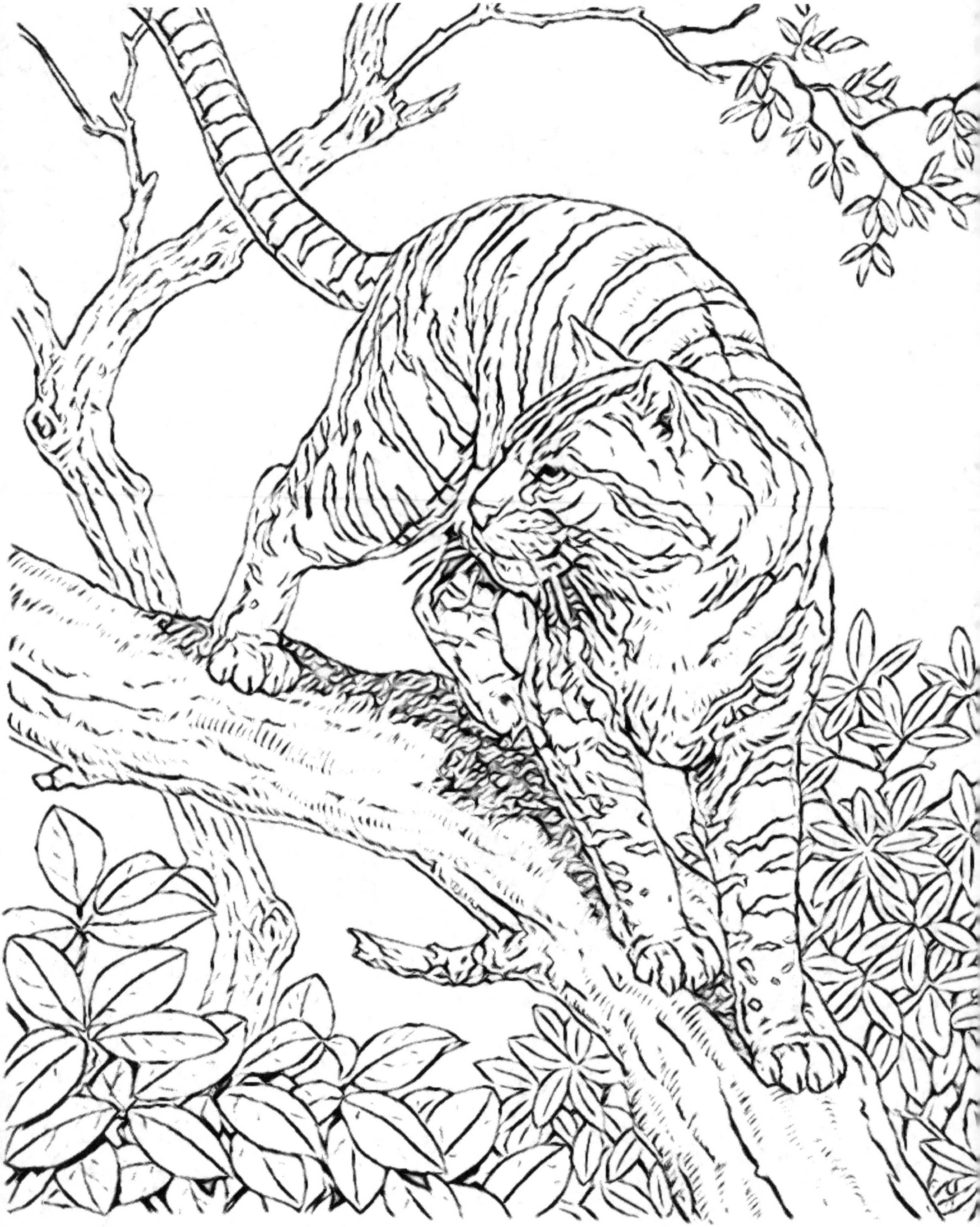

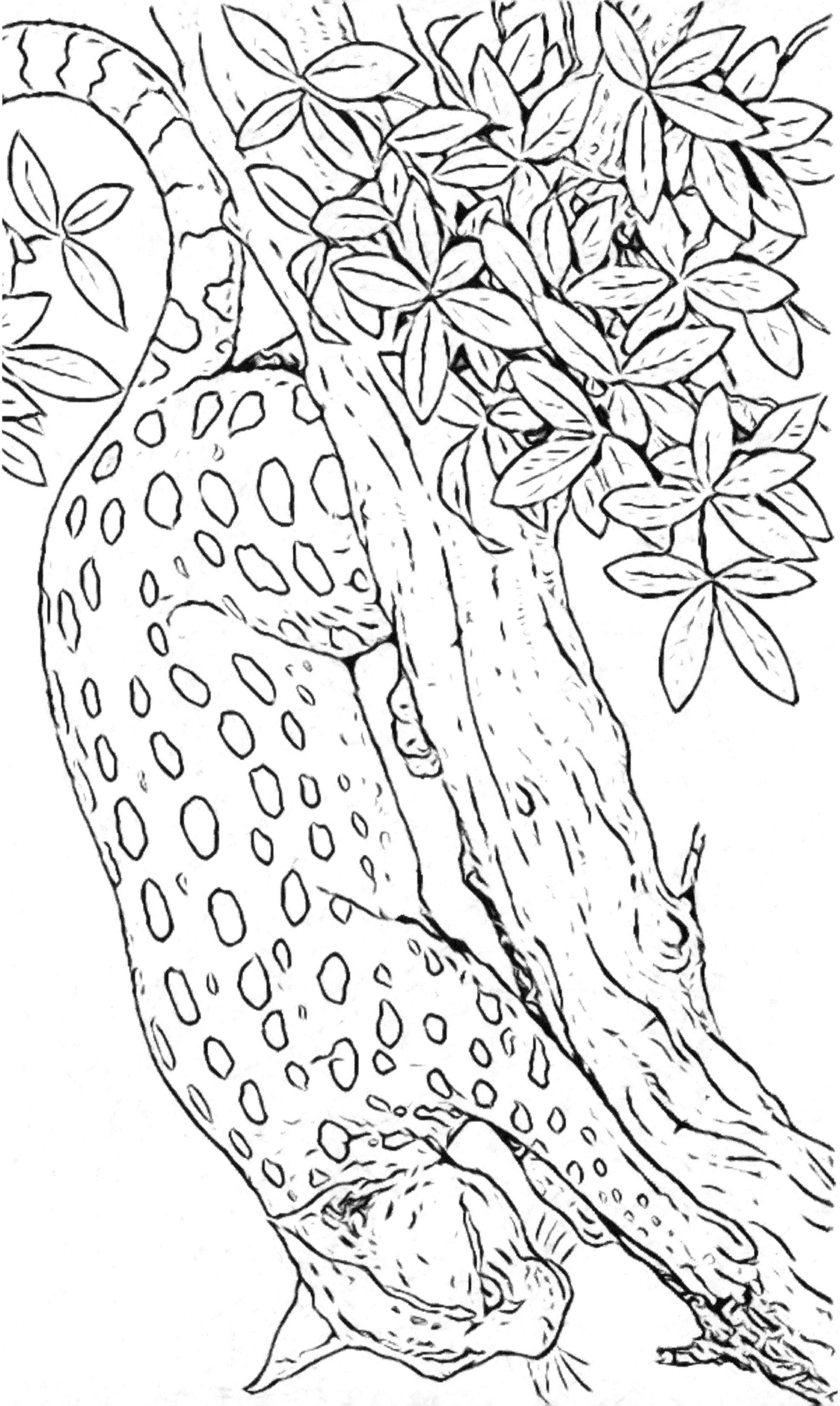

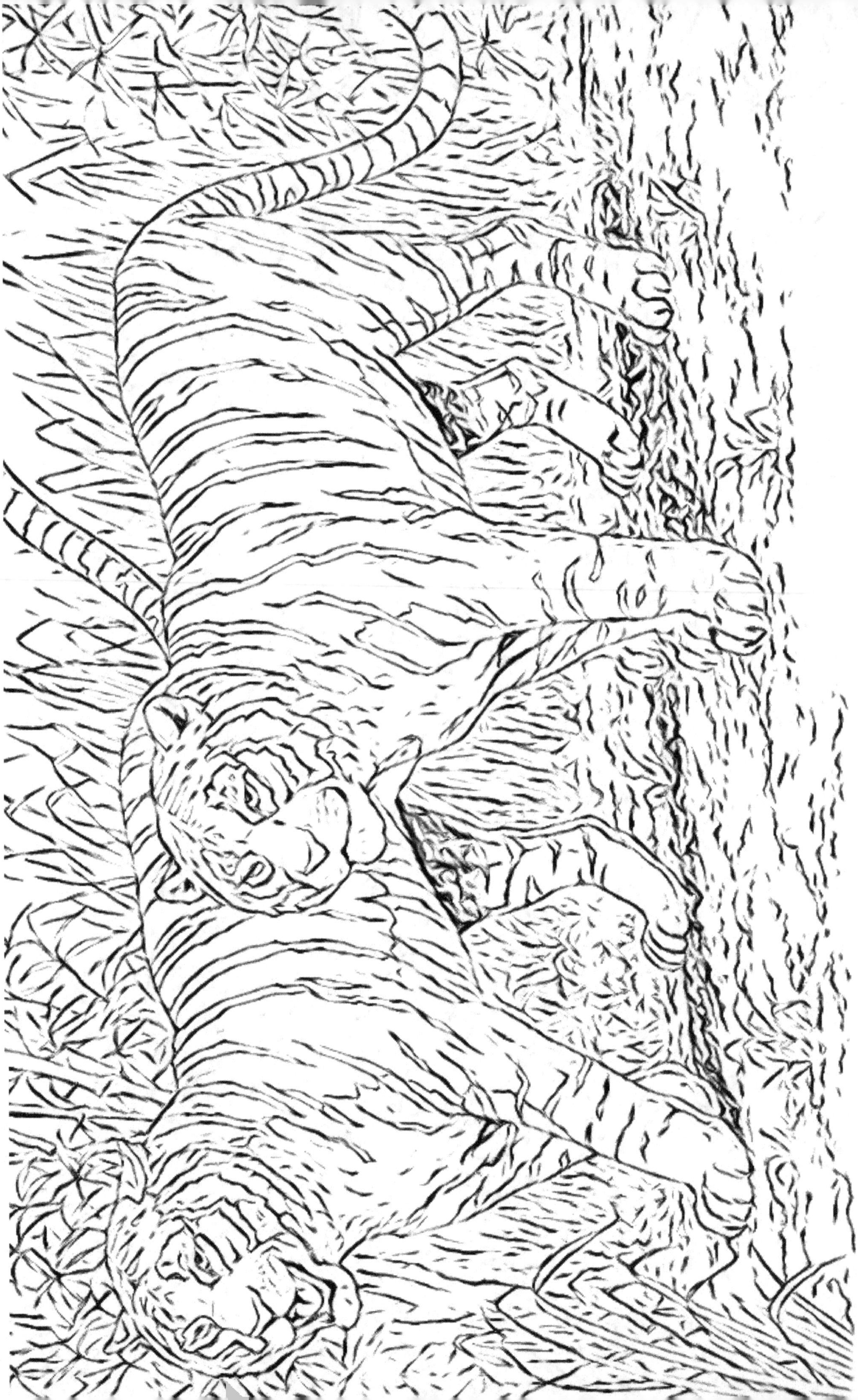

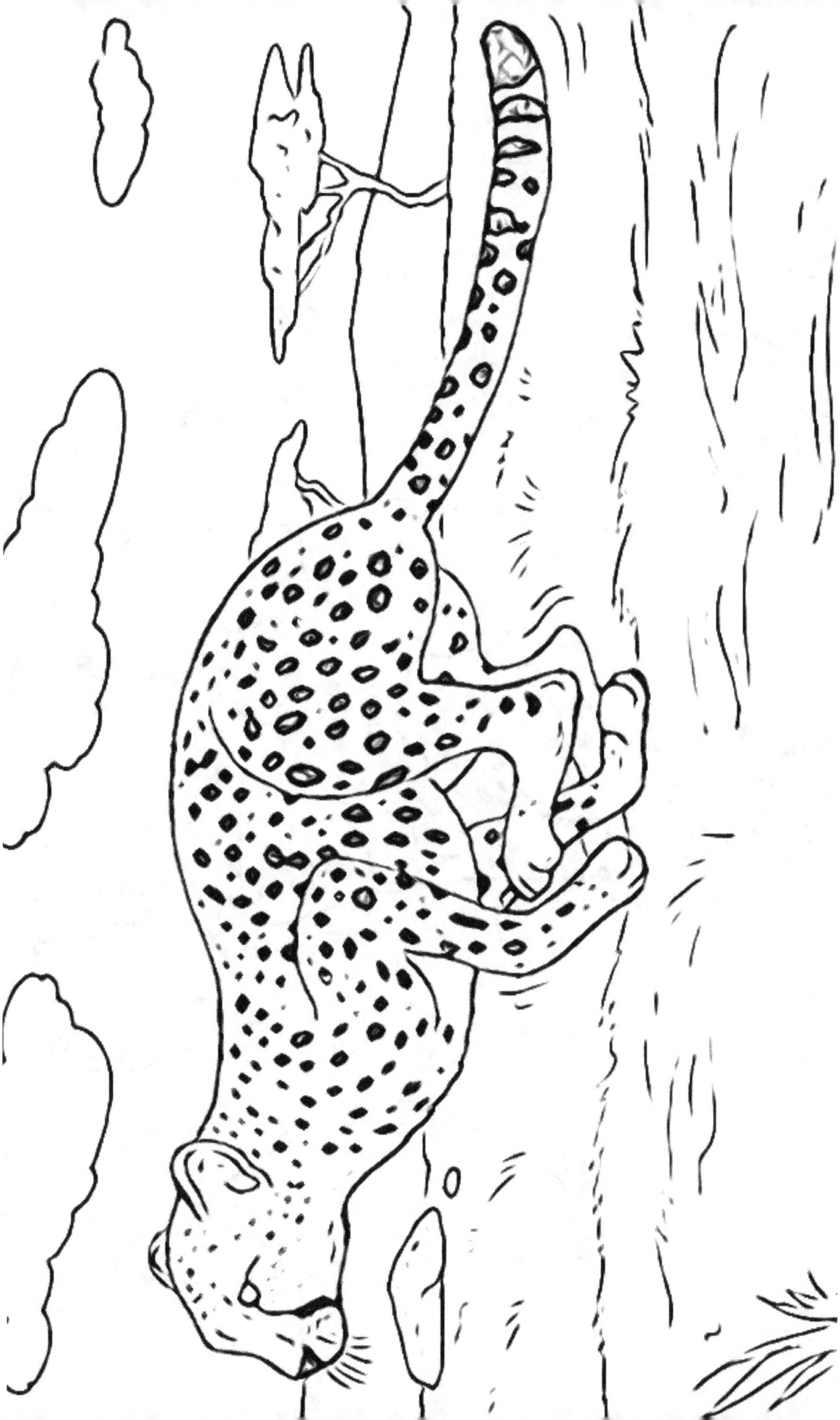

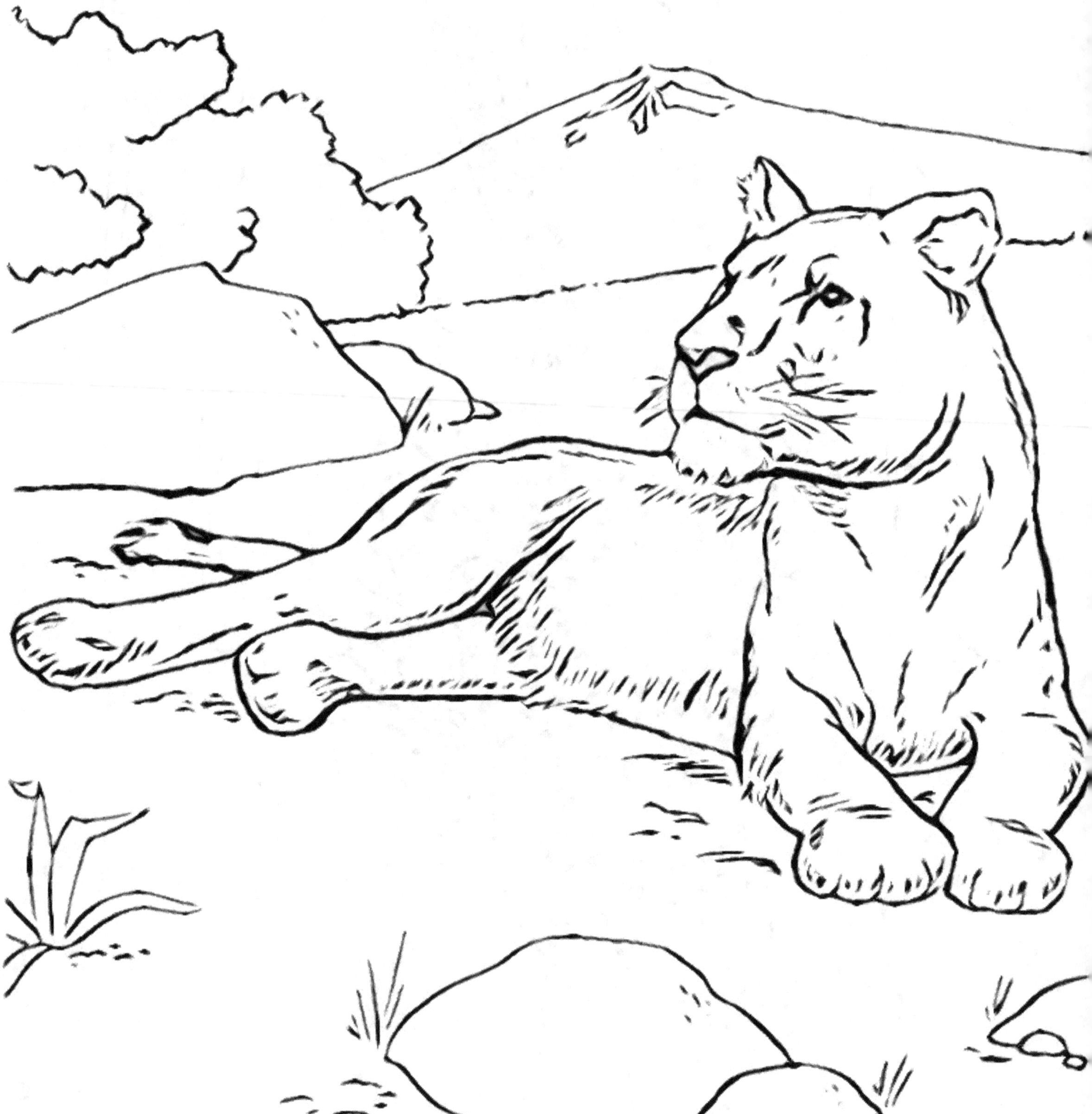

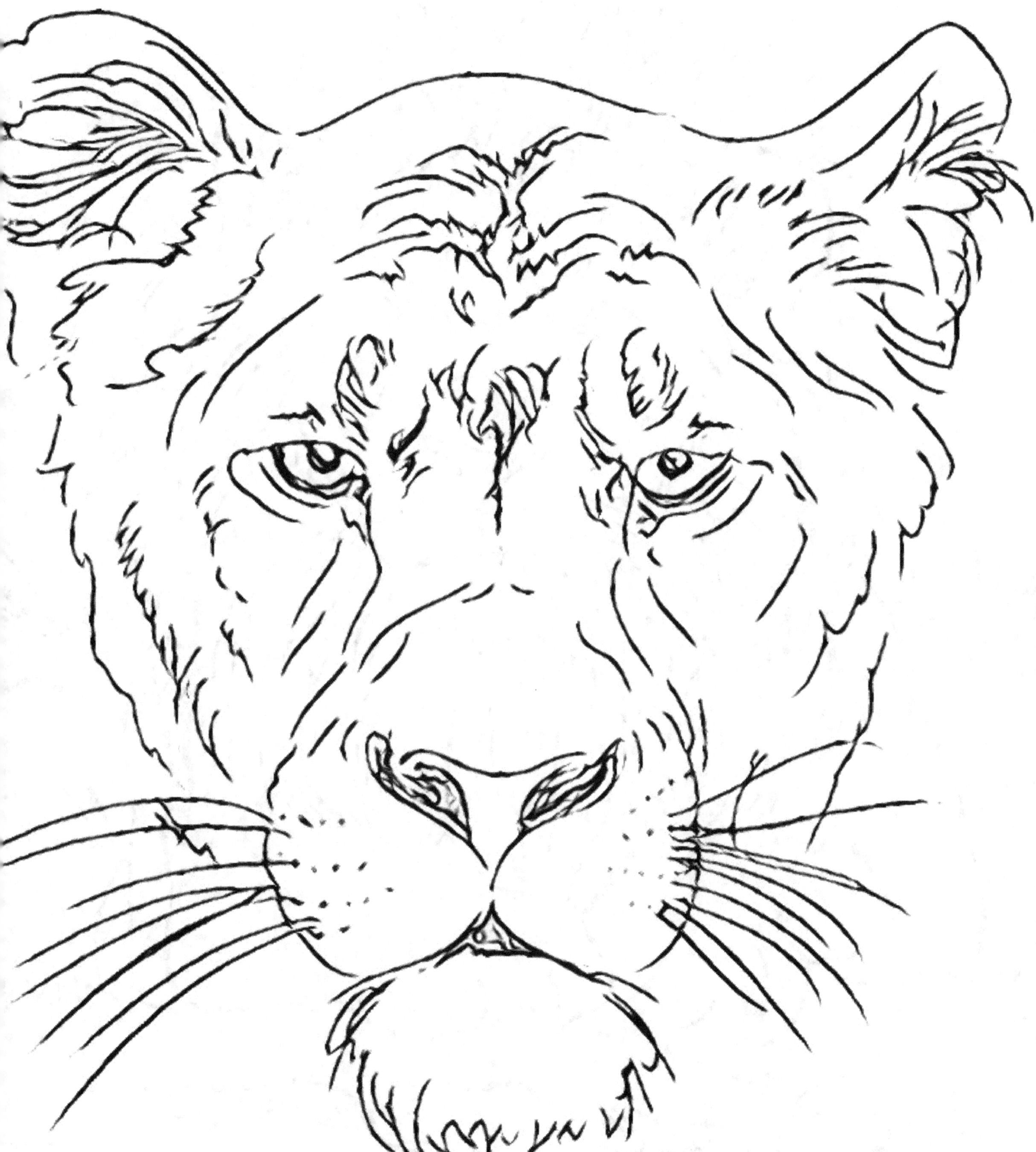

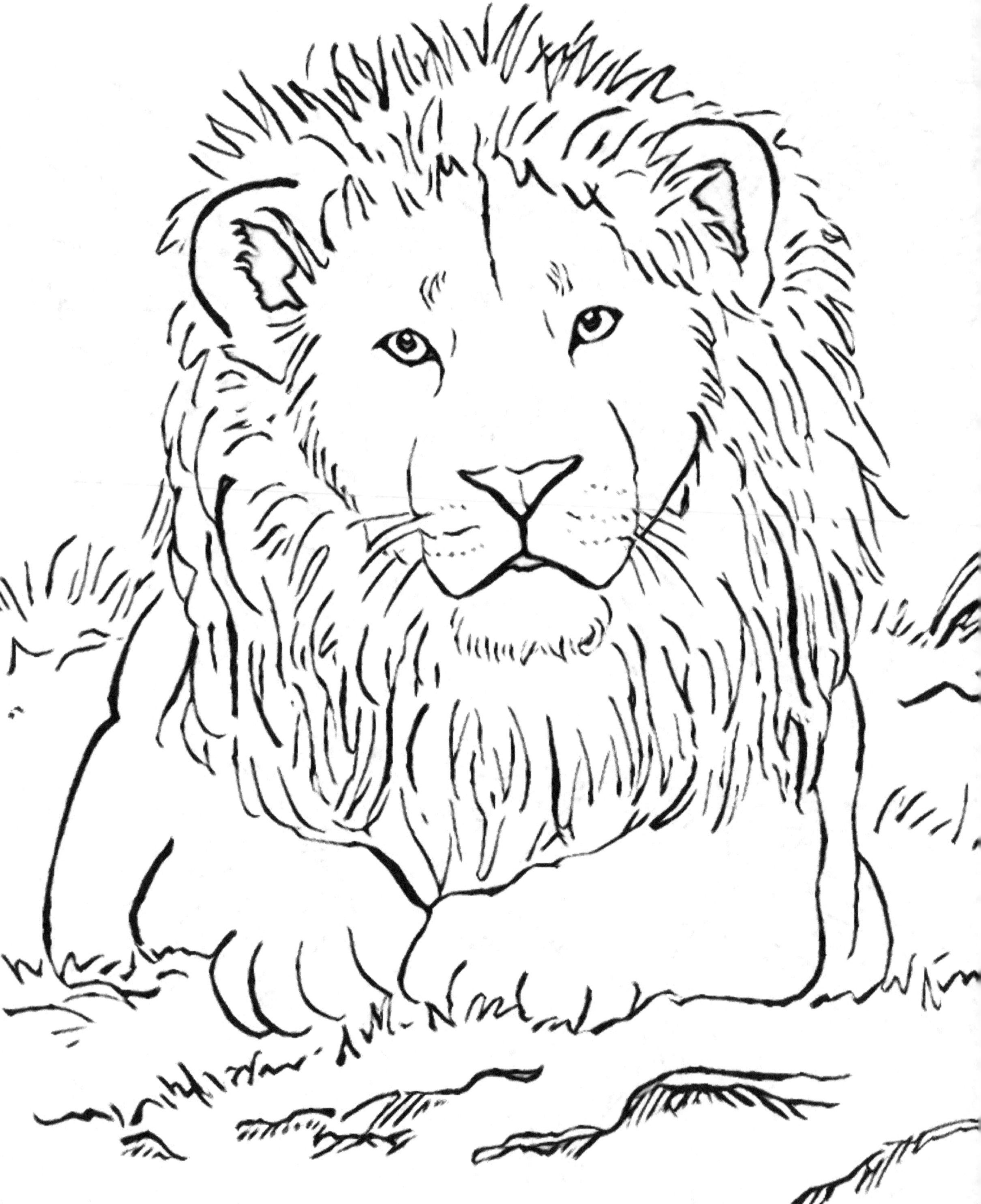

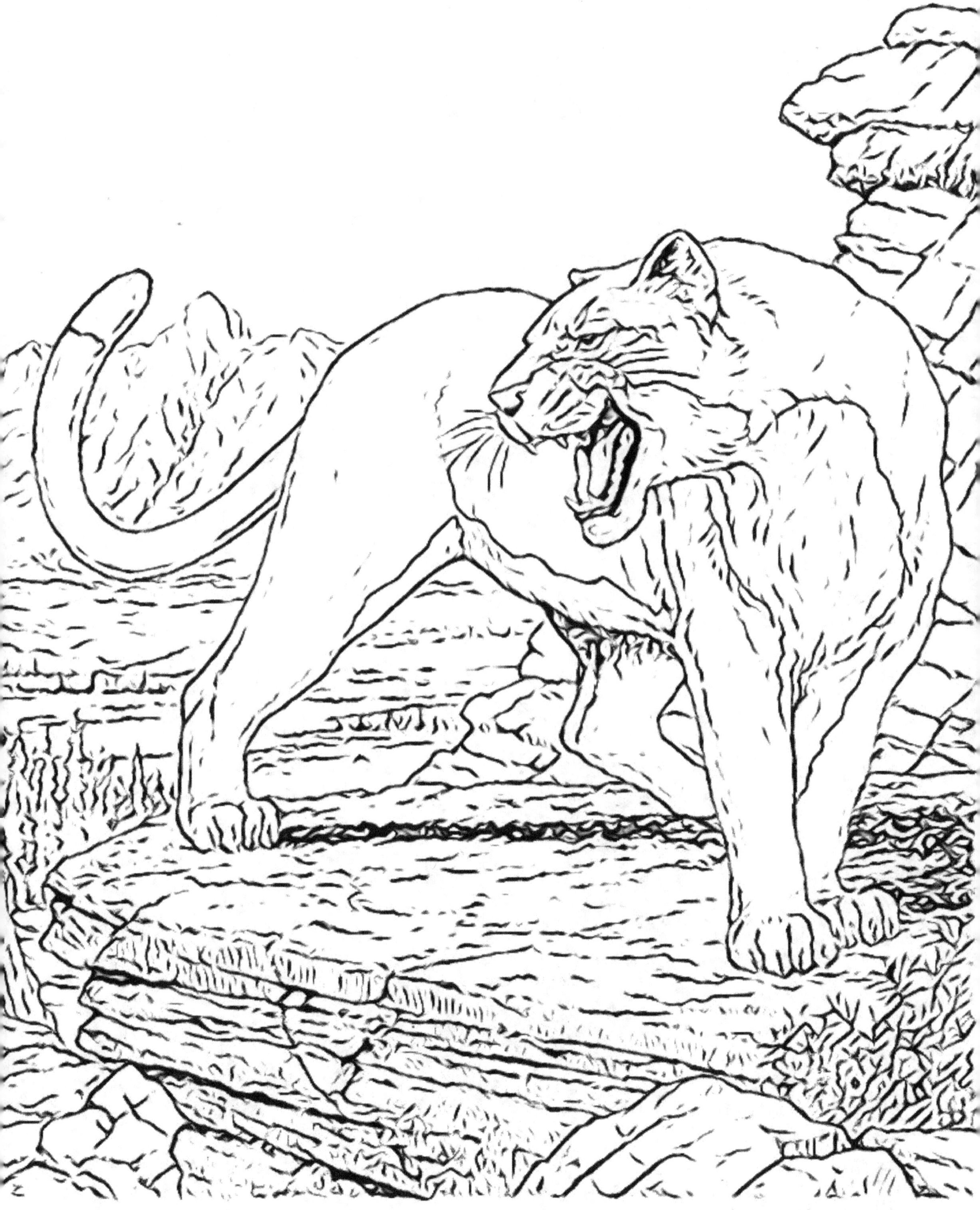

www.ingramcontent.com/pod-product-compliance
Lightning Source LLC
Chambersburg PA
CBHW081648220526
45468CB00009B/2590
* 9 7 8 1 7 9 4 8 8 5 5 3 0 *